光文社古典新訳文庫

哲学書簡

ヴォルテール

斉藤悦則訳

kobunsha classics

光文社

Title : LETTRES PHILOSOPHIQUES
1734
Author : Voltaire

凡例

一　本書の底本は、Voltaire, *Lettres philosophiques*, Édition critique par Olivier Ferret et Antony McKenna, Paris, Éditions Classiques Garnier, 2010. である。

これは一七三四年に出版されたフランス語版、いわゆるジョール版をもとにしている（*Lettres philosophiques*, par M. de V...... À Amsterdam chez E. Lucas, au Livre d'or [Rouen, Jore], 1734）。

二　訳注は章ごとに番号を付して脚注でしめしたほか、短いものは本文中に〔　〕でしめした。

『哲学書簡』*目次

哲学書簡

第一信　クエーカー[1]について

理性的な人間なら、ひどく風変わりな宗派の教義や歴史に好奇心を覚えるのは、まあ当然だろう。私のばあい、それがどういうものか自分で確かめたくて、イギリスでもっとも有名なクエーカーのひとりに直接会いに行った。

そのかた[2]は三十年間商売にたずさわったあと、もうこれ以上の財産はいらず、欲しいものもないと悟られて、ロンドン郊外の田舎に引きこもっておられた。私はその隠居先を訪問したのである。小さい家だったが、つくりはしっかりしていた。装飾はなく、すみずみまで清潔であった。

このクエーカーは元気な老人で、まったくの病気知らずだという。それは情欲や不節制に流されることがないからだそうだ。私は、これほど気高く、かつ魅力的な雰囲気を放つ人物に、生まれてこのかた出会ったことがない。

かれが着ている服は、両脇どちらにもひだがなく、ポケットにも袖にもボタンはついていない。クエーカーは全員こういう服装なのである。そして、頭にはわが国の聖職者と同様、ふちの垂れた大きな帽子をかぶっていた。老人は帽子をかぶったまま私を出迎え、身をかがめる挨拶のしぐさなどもせずに歩み寄ってきた。ただ、顔の表情から大らかな人情味とともに、相手にたいする敬意は伝わった。それは、たんに片足を一歩ひいて、手にしたもので顔を隠すといった慣習的なしぐさにまさるものであった。

「友よ」と、クエーカーは親しげに私に声をかけた。「どうやら君は外国のかたですね。私でお役にたてることなら、何でもどうぞ、言ってください」

「ご主人殿」私はフランスの作法にしたがって身をかがめ、片足を前に少し滑り出させながら、かたくるしく挨拶した。「好奇心でものをお尋ねする不躾のほど、お許しください。あなたの信じておられる宗教について、ご教示いただければ、まことに幸いに存じます」

「おやおや」と、かれは答えた。「君の国のひとびとは、どうにも四角ばった挨拶をなさるので弱る。しかし、君のような好奇心をもつひとにお会いするのは初めてだ。ともかく、中へどうぞ。まずは、いっしょに食事をしましょう」

私はそれでも無内容な挨拶言葉をいくつか重ねた。どうにも身についた習慣はすぐには直せない。さて、食事は質素ながら健康にはよさそうなものであった。食事は神への祈りで始まり、神への祈りで終わった。そのあと、私はクエーカーへの質問に取りかかる。まず最初にしたのは、カトリック信者がユグノー[3]にたいして何度もしてきたような質問で、私もそれから始めた。

「ご主人殿、洗礼はお受けになりましたか」

「いいえ、洗礼は受けていません」クエーカーは答えた。「私どもの宗派では、誰も洗礼は受けないんです」

1　クエーカーとは、神のことばに身をふるわせる者の意。十七世紀にイギリスで創設された宗派。互いにフレンドと呼びあうので、キリスト友会ともいう。しぐさも特徴的であり、反戦平和などを唱えて会員を増やしたので、おおいに話題となった。

2　アンドリュー・ピット。布商人。

3　ユグノーとは、フランスのプロテスタントの呼称。

いわけだ」
「何っ」私は声を荒らげてしまった。「それなら、あなたたちはキリスト教徒ではな
「いやいや」クエーカーは穏やかな口調で答えた。「そう決めつけてはいけません。
私たちはキリスト教徒ですし、そして良いキリスト教徒でありたいと努めています。
ですが、ひとの頭に冷たい水と少しの塩をかければキリスト教徒ができあがるとは考
えていないのです」
「えーっ、また何てことを」私はあまりにも不敬虔な発言に反発した。「あなたはイ
エス・キリストがヨハネから洗礼を受けたことをお忘れか」
「友よ、まあ、落ち着いて」と穏やかにクエーカーは言った。「おっしゃるとおり、
キリストはヨハネから洗礼を受けた。しかし、キリスト自身は誰にも洗礼を施してい
ない。私たちはそのキリストの弟子なのです。ヨハネの弟子ではありません」
「ああ、ここが宗教裁判をする国なら、かわいそうに、あなたはきっと火あぶり……。
えい、ほうってはおけん。何としてもあなたに洗礼を受けさせ、キリスト教徒にして
あげねば」
「君の弱った心を慰めるのにどうしても必要ということなら、私たちは喜んで洗礼を

受けましょう」クエーカーはまじめに答えた。「私たちは、洗礼の儀式をしたからといって誰も責めたりはしません。ですが、キリスト教のようにきわめて神聖で、きわめて霊的な宗教を信仰する者は、できるかぎりユダヤ教の儀式は避けるべきだ、と私たちは考えているのです」

「またしても奇妙なことを」私は声を上げた。「ユダヤ教の儀式ですって」

「ええ、そうです」とクエーカーは続けた。「まぎれもなくユダヤ教です。現にいまでも多くのユダヤ人がヨハネ式の洗礼をおこなっているではありませんか。また、古代の文献を読めば、ヨハネはこの行事を復活させただけであることがわかります。つまり、メッカへの巡礼がアラビア人のあいだで習慣になっているのと同じように、洗礼はヨハネよりずっと以前からヘブライ人のあいだでおこなわれていた習慣なのです。なるほど、イエスはヨハネから洗礼を受けました。また、イエスは割礼も受けている。しかし、割礼とか水による清めとかは、どちらも廃止されなければなりません。それに代わるのがキリスト式の洗礼、つまり、精神の洗礼、魂の洗浄です。これこそが人間を救うのです。先駆者であるヨハネもこう言っている。『私は、悔い改めに導くために、あなたたちに水で洗礼を授けているが、私の後から来る方は、私よりも優れておられる。私は、その履物をおもちする値打ちもない。そのかたは、聖霊と火であなたたちに洗礼をお授けになる』[4]。また、異邦人の使徒と呼ばれるパウロも、コリント人への手紙でこう書いている。『キリストが私を遣わされたのは、洗礼を授けるためではなく、福音を告げ知らせるためである』[5]。そして、このパウロは、いわばしかたなしに、ふたりの人間にだけ水での洗礼を授けた。割礼については、パウロも弟子のティモテに施していますし、パウロ以外の使徒たちも、割礼を望む信者には全員に割礼を施しています。ところで、君は割礼をしていますか」

そう聞かれた私は、「あいにくながら割礼はしておりません」と答えた。

「まことにけっこう」クエーカーは言った。「友よ、それでは君は割礼をしていないキリスト教徒、私は洗礼を受けていないキリスト教徒ということになりますね」

と、こんなぐあいに、この宗教家は聖書のなかから宗派にとって都合のよさそうなフレーズを三つ四つ、かなり自慢気に引用した。聖書にはそれをまっこうから否定するようなフレーズも百ぐらいあるのだが、クエーカーはきわめて篤い信仰心ゆえに、そちらのフレーズは忘れてしまっている。しかし、私はいっさい異議など唱えないようにした。熱を上げているひとと言い争ってもムダだからだ。女を愛している男にその女の欠点を指摘したり、訴訟をおこしているひとにその訴えは根拠が弱いと言ったり、狂信家に理性で勝負しようとしたりするのは、まったく余計なことだからだ。そこで私はつぎの質問に移った。

「キリストとの交わり《コミュニオン》[6]のやりかたについてですが、あなたがたはどういうものでなさいますか」と問うた。

「私たちはいっさい何も使いません」と、かれは答えた。

「何っ。キリストとの交わりはなさらないのですか」

「いいえ、心の交わりはいたします。それ以外のものによる交わりはいたしません」

そこで、クエーカーはまたもや聖書からの引用をしてみせた。そして、いわゆる聖体拝領を否定する、なかなかりっぱな説教をしてくれた。つまり、総じて秘跡《サクラメント》[7]と呼

4　マタイ福音書、三の一一。
5　コリントの信徒への手紙一、一の一七。
6　カトリックのばあいは「聖体拝領」と訳される。ワインとパンをキリストの血・肉としていただく儀式。

ばれる儀式はすべて人間があみだしたものであり、そもそも秘跡ということばは福音書のなかにただの一度も出てこない、と言うのだ。かれは、まるで霊感を授かった者のような口調でそれを語った。かれはさらに言う。

「私はどうも勉強不足で、もうしわけない。私の宗派が正しいといえる証拠はたくさんあるのに、私はその百分の一もお伝えできませんでした。しかし、私たちの信仰の正しさは、ロバート・バークレー[8]が書いた解説書を読めば、君にもわかるはず。あれは良い本ですよ。かつて人間の手によって書かれた最良の本のひとつ。私たちと対立する宗派は、そろってこの本を危険物あつかいしている。まさにそのことが、この本がいかにまっとうなものであるかの証明なのです」

私は、その本を読んでみます、と約束した。するとクエーカーは、もうそれで私を改宗させたつもりになっていた。

ひきつづき、かれは、ほかの宗派があざ笑うクエーカーの奇妙さ、そのいくつかの特徴について手短に説明してくれた。かれは言う。

「正直なところ、いかがです。君は礼儀正しいのに私はずっと帽子をかぶったままだし、こんなふうに気安く君呼ばわりしている。さぞかし君も、吹き出し笑いをこらえるのに苦労したでしょ。しかしながら、お見受けしたところ、君はそうとう教養がおありだ。だから、キリストの時代には単数形で『君』と呼びかけるべきときに複数形の『あなたがた』[9]を使う愚かな慣習をもった国はひとつもなかったことを、君も知らないはずがない。昔のひとは皇帝アウグストゥス[10]にむかってさえ、『君が好きだ、君に願う、君に感謝する』と言ったものだ。皇帝のほうも、自分をご主人とか主君とか呼ばせなかった。ひとびとが『君』と呼ばずに『あなたがた』と呼び合い、相手がひとりでも二人であるかのようになったのは、ずいぶん後の時代になってからです。ウジ虫どもがウジ虫どもにむかって、聖下だの猊下《げいか》[11]だの台下だのと、ご大層な敬称をつけて呼ぶようになったのも、やはり後のこと。敬称をつけるのは、自分がきわめてつ

7　秘跡とは、洗礼、聖体拝領など、神の恵みを伝えるさまざまの儀式。
8　ロバート・バークレー（一六四八〜九〇）はスコットランド出身で、初期クエーカーのもっとも有名な神学者。
9　ヨーロッパの言語では、相手に敬意を表するとき二人称の複数形を用いることが多い。英語のばあいも、you はもともと複数形である（単数形は thou）。
10　アウグストゥスは初代ローマ皇帝。
11　いずれも高位聖職者にたいする敬称。

つましく、きわめて従順な下僕であることを、深い敬意といやらしい偽善とともに相手に保証するためです。一方、私たちは国王にも靴の修理屋にも、ひとしく『君』と呼びかけます。また、私たちは誰にもお辞儀などしません。虚礼やお追従のくだらないやりとりに自分も流されないために、そうやって踏《ふ》んばっているのです。私たちは人間にたいしては慈愛しか抱かない。私たちが敬意を抱くのは法にたいしてだけなのです。

「私たちは、服装も少し世間とはちがいます。これも自分が世間ずれしてしまわないよう、たえず自分をしゃきっとさせるためのもの。世間のひとびとは、自分がどれぐらいのランクまで上昇したかを示すしるしを身につけますが、私たちが身につけるのは、自分がキリスト教徒としてどれほど謙虚であるかを示すしるしです。私たちは遊技場や芝居小屋や賭場などには近づかないようにしています。万が一、そういうくだらないものに心を奪われれば、心に神の宿る場がなくなる。きわめて遺憾なことです。また、私たちは神の名で誓ったりしません。法廷においてもです。人間たちのくだらない争いで、聖なる神の名を汚してはならないと思います。他人の裁判沙汰で（他人の裁判沙汰と言ったのは、私たちのあいだでは訴訟などありえないので、そう言ったのですが）自分も証人として裁判官のまえに出頭しなければならないとき、私たちは短く『はい』か『いいえ』と答えるだけで真実を伝える。多くのキリスト教徒は聖書に誓いながら偽証をしますが、私たちはただ短く答えるのみでも裁判官は信用してくれます。

「私たちはけっして戦争には行きません。死ぬのが怖いからではありません。死ぬことは最高存在である神と合体することですから、その瞬間の到来はむしろ喜びです。私たちが戦争に行かないのは、私たちが狼でも虎でも獰猛《どうもう》な番犬でもなく、人間だからです。キリスト教徒だからです。まさしく神はキリスト教徒に、敵を愛せよと命じた。不平をこぼさず苦難に耐えよと命じた。神は、私たちが海をわたって自分たちと同じ人間を殺しに行くことを望んでいるはずがない。市民を戦争に駆りたてるのは、赤い服を着て、高さ二フィートの軍帽をかぶった殺し屋どもです。かれらは、ぴんと張ったロバの皮を二本の小さな棒で打ち鳴らします。そして、勝ち戦ともなると、ロンドン中がイルミネーションで輝き、空は花火で明るく燃え上がる。騒々しい感謝の声、鐘の音、オルガンの演奏、祝砲の轟音があたりに響きわたる。民衆にこうした歓喜をもたらしたのは、かずかずの殺戮行為であり、そのことを私たちはただ静かに、そして深く嘆きます」

第二信　クエーカーについて

第一信では、私がこの風変わりな人物とかわした会話を、ほぼそのまま紹介した。つぎの日曜日、私はかれにクエーカーの教会に連れて行ってもらったが、そこではさらに驚かされた。

クエーカーの教会はロンドンに数ヵ所ある。私が行ったのは、ザ・モニュメントと呼ばれるロンドン大火記念塔の近くの教会で、案内者といっしょに中に入ると、すでにたくさんのひとが集まっていた。その数は、男が四百人ほど、女が三百人ほど。女たちは扇で顔を隠し、男たちは例のふちの広い帽子をかぶっていた。全員着席し、全体が深い沈黙のなかにあった。私はかれらのあいだを通りぬけていったが、誰ひとり、顔を上げて私を見る者はいない。沈黙は十五分も続いた。

すると、ひとりの男が立ち上がる。かれは帽子をとり、あれこれ顔をしかめ、何度かため息をついてから、フガフガと何やらわけのわからないことをしゃべりはじめた。聖書からの引用をしているつもりらしいが、その話は本人にも誰にもさっぱり理解できないものだった。この怪しい身ぶりの男がたっぷり独り言を言い終わると、ひとびともそれに教化され、ほとんど呆然としたまま散会していった。

私は案内者に質問した。すなわち、会衆のうちにはとても頭のいいひともいるはずなのに、どうしてそんなひとでも、ああいうたわごとに最後まで我慢できるのか、と尋ねたのである。

「誰の話でも最後まで聞くのが私たちの義務だからです」と、かれは答えた。「何かをしゃべるために立ち上がったひとの発言は、霊感を受けてのものなのか、狂気に駆られてのものなのか、私たちにはわかりません。だから、じっと最後まで聞くのです。女性も発言してよいことになっています。二、三人の女性が同時に霊感を受けて、一斉にしゃべりだすこともよくありますが、そのときの主の家の騒がしさというのは、もう大変なものです」

「では、こちらには司祭などいないわけですか」と私は聞いた。

「いません」クエーカーは答えた。「そして、友よ、私たちはそれをよいことだと思っています。多くの信者をさしおいて、日曜日に、あえて特定の数人にのみ聖霊を受ける資格をあたえることを、神が喜ぶはずがない。この地上で私たちだけが司祭をもたない宗派であるのは、天の恵みです。そういう栄誉のある独自性を私たちが失うことを君はお望みか。幼い子どもに飲ませるミルクが自分にはあるのに、どうしてわざわざ乳母を雇って、子どもをそのひとにまかせる必要があるのでしょうか。そんなことをすると、その雇い人がやがて家全体を支配し、母親と子どもを抑えつけるようになるでしょう。神も言っています。『ただで受けたのだから、ただで与えなさい』[1]。はたして私たちは、このことばを聞いたあとで、キリストの教えを値切ったり、聖霊の力を売ったり、キリスト教徒の集会を商売人の店みたいにしてよいでしょうか。貧しいひとを助け、死んだひとを埋葬し、信者に説教をする見返りとして、黒い服を着たひとびとにお金をあげることなど、私たちは絶対にしません。そうした神聖なつとめは私たちにとってきわめて大切なものですから、とても他人の手にゆだねることはできません」

1　マタイ福音書、一〇の八。

「しかし、あなたたちが発言をするとき、それが聖霊につき動かされてのものなのかどうか、どうやって見分けられるのですか」私はしつこく尋ねた。

「それはですね」と、かれは答えた。「光をあたえたまえと神に祈り、そして自分の感じるままに福音の真実を語る者は、誰でも神から霊感をえていることはたしかです」そう言ってから、かれは聖書のあちこちからの引用を私に浴びせかけた。かれによれば、その引用は、直接の啓示がなければキリスト教というものはありえないことを証明しているのだそうだ。さらにかれは、ちょっとおもしろいことをつけ加えた。

「君が君の手足のどれかを動かすとき、それは君自身の力によって動くのでしょうか。いいえ、おそらくそうではない。なぜなら、君の手足はしばしば君の意志とは無関係に動いたりする。したがって、もとは土のかたまりである君の体[2]を動かしているのは、君の体をつくられたおかたなのです。また、君の魂が受けとっているさまざまの観念、それは君自身が形成したものでしょうか。いいえ、なおさらそうではありません。なぜなら、いろいろな観念が君の気持ちとは裏腹につくられたりする。したがって、君に観念をあたえるのは、君の魂をつくられたおかたなのです。しかし、創造主は君の魂に自由というものも残されたので、そのおかげで、君の精神には君の魂にふさわしい観念があたえられているわけです。君は神のうちで生き、神のうちで行動し、思考している。さあ、すべての人間を照らしている光にむかって、目を開きましょう。そうすれば君にも真理が見えてきますよ。そして、その真理をほかのひとにも見せてあげられるようになりますよ」

「ええー、それではまるっきりマルブランシュ神父ですね」私は叫んでしまった。「君の国のマルブランシュのことは私も知っています」[3]と、かれは言った。「なるほど、かれはちょっとクエーカーっぽい。しかし、まだまだ十分ではない」

以上が、クエーカーの教義について私が知りえた最も重要なことがらである。つぎの手紙ではクエーカーの歴史についてお知らせしたい。それをお読みになれば、クエーカーの歴史はその教義よりもさらに風変わりなものであることがおわかりになるだろう。

2　創世記、二の七。
3　ニコラ・ド・マルブランシュ（一六三八～一七一五）。フランスの哲学者。「すべてを神のうちに見る」ということばで知られる。

第三信　クエーカーについて

すでにおわかりのとおり、クエーカーの歴史はイエス・キリストから始まる。クエーカーに言わせれば、イエス・キリストが最初のクエーカーなのである。イエス・キリストが死んで、ほとんどすぐに宗教は腐敗し始め、以後およそ千六百年間、この腐敗の状態がつづいてきたが、しかし、この世には少数でもかならずクエーカーが隠れながら存在したのだ、という。隠れたクエーカーは、ほかのところではすっかり消えてしまった聖火をずっと大切に守ってきて、そして、ついに一六四二年[1]、この火がイギリスで広がるにいたったのだそうだ。

ちょうどそのころ、グレート・ブリテン島は三つか四つの宗派がいずれも神の名で起こした内戦[2]によって分裂していた。レスター伯爵の領地の生まれで、絹織職人の息子であるジョージ・フォックスという男が、自分では読み書きもできないのに、自分こそキリストの真の使徒であると言い張って、その教えを説き始めた。男は二十五歳の若者で、品行には何ら問題なく、いわゆる聖なる狂人であった。足の先から頭のてっぺんまで、身にまとうのは動物の皮のみ。そして、戦争反対、聖職者反対を叫んで、村から村へ歩いて回った。かれが、戦争をする人間だけを非難したのであれば、何ということもなかったはずだ。しかし、かれは教会の人間をも攻撃した。たちまち投獄されてしまった。

ダービー［イングランド中部の主要都市］に連れて行かれ、治安判事のまえに立たされる。フォックスは皮でできた帽子をかぶったまま判事と対面した。廷吏はフォックスの頬に一発、大きな平手打ちをくらわせて、こう言った。

「この野郎、判事殿のまえでは帽子をとるんだ。そんなことも知らんのか」

フォックスはもう一方の頬をさしだし、神の御心にかなうよう、どうかこちらにも平手打ちを[3]、と廷吏に頼んだ。ダービーの判事は、尋問に先立って、フォックスに宣

1　ジョージ・フォックスによってクエーカーが創設されたのは、正しくは一六四九年。
2　ピューリタン革命につながるイングランド内戦が始まったのが一六四二年。
3　ルカ福音書、六の二九。

誓をさせようとした。すると、フォックスは判事にこう言った。

「友よ、君もわかってくれ。私はいたずらに神の名をもちだすことはしない」

判事はこんな男に君呼ばわりされたので、フォックスをダービーの精神科病院に送って、そこで鞭打ちを加えよ、と裁定した。

ジョージ・フォックスは神を讃えながら、精神科病院に入った。その病院は判事の判決をぬかりなく厳密に執行した。ところが、フォックスは自分の魂を鍛えるために、もっと鞭で打ってほしいと頼んだので、かれに鞭打ちを施す者たちはひどく驚いてしまった。この者たちに、そんなことを頼んだりはしないものだからだ。こうして、フォックスは倍の量の施しをちょうだいし、施した者にむかって心からお礼を言った。

それから、かれは教えを説き始めた。はじめのうち、みんなはそれをあざ笑っていたが、しだいに耳を傾けるようになった。宗教熱は一種の伝染病なので、説き伏せられる者も何人か出てきた。フォックスを鞭で叩いた者がかれの最初の弟子となったのである。

牢獄から釈放されると、かれは十二人ほどの改宗者とともに、田舎から田舎へ説教して回った。あいかわらず聖職者を攻撃するものだから、ときどき鞭で打たれた。ある日、さらし台に立たされたが、かれは群がる見物人にむかって大演説をぶつ。その迫力にみちた演説によって、聴衆のうちおよそ五十人を改宗させ、ほかの聴衆の心も上手につかんだ。聴衆はみんな口々に叫びながら、かれを首枷《くびかせ》から解放する。さらにかれらは、フォックスがそんな刑罰を受けたのはイギリス国教会《アングリカン・チャーチ》の牧師のせいだとして、牧師のところへ押しかけ、引き立てて、フォックスのかわりにこの牧師をさらし台に立たせた。

フォックスは大胆にもクロムウェルの兵隊まで何人か改宗させた。改宗した者は軍人というしごとをやめ、宣誓[4]も拒否した。戦わないことを信条とするような宗派をクロムウェルが喜ぶはずがない。それは「セックスを忌避する」宗派をシクストゥス五世が不快に思った[5]のと同様である。クロムウェルはこの新しい宗派に転じようとする者を迫害するために権力を行使した。牢獄は囚人であふれた。しかし、たいていのば

4　クロムウェルは自分への忠誠を兵士が宣誓することを求めた。
5　シクストゥス五世（十六世紀のローマ教皇）は去勢者の結婚を禁ずる勅書を出したりもしている。

あい、迫害はあらたな改宗者をつくりだすことにしかつながらない。改宗者は牢獄を出るときますます信仰が固くなっており、さらに看守をも改宗させて、引き連れていたりした。とはいえ、この宗派の勢力拡大にもっとも貢献したのはつぎのことがらである。

フォックスは、自分は神の霊感を授かった人間だと信じ、したがって自分はしゃべりかたも、ほかの人間たちとはちがった風にしなければならないと思った。そこで、かれはこんなしゃべりかたを始めた。すなわち、体をふるわせ、身をよじり、顔をしかめ、息をとめ、そして一気に激しく息を吐く。そんなしぐさは、デルフォイの巫女《みこ》[6]でもかれほど上手にできたかどうか。ともかく、フォックスは霊感を授かるありがたい手順を短期間のうちに身につけた。そしてすぐに、もはやそれ以外のしゃべりかたはほとんどできなくなってしまった。

このしぐさこそ、かれから弟子たちに伝えられた最初の贈り物であった。弟子たちは師にならって、大まじめに顔をしかめる。霊感を授かろうとするときには、全身の力をこめて体をふるわせる。かれらがクエーカーと呼ばれるのはそこから来ている。英語でクエーカーとは体をふるわせる者の意だからである。低俗な連中はそのしぐさをまねて、ふざけた。たしかにクエーカーは、体をふるわせ、鼻声でフガフガしゃべり、顔をひきつらせ、それで聖霊が身に宿ると信じていた。いま、クエーカーに必要なことは、何らかの奇跡を起こしてみせることであった。まさにそれをクエーカーは起こしてみせたのである。

教祖フォックスは、ひとがたくさん集まっている場所で、ある治安判事にむかって大声でこう言った。「友よ、気をつけなさい。君は聖者たちを迫害したかどで、まもなく神から罰がくだるだろう」この判事は毎日ビールやブランデーを暴飲し、いつも酔っぱらっていたが、フォックスから注意された二日後に、脳卒中で死ぬ。まさしくクエーカー数人を牢獄送りにする令状に判事が署名してすぐのことであった。世間のひとびとはみんな、判事の突然死を本人の不節制によるものとは見ず、あの聖人の予言が的中したものと受けとめた。

判事の突然死は、クエーカーが千回の説教、千回の身ぶるいによって得られるよりも多くの帰依者をつくりだした。クロムウェルは、クエーカーの数が日に日に増えて

6　古代ギリシアのデルフォイの巫女は、神がかり状態になって神のお告げを語った。

いくのを見て、クエーカーを自分の味方に引き込みたいと思った。そこでお金で買収しようとしたのであるが、クエーカーにはそんなものは通じない。のちにクロムウェルは、自分がギニー金貨で買収できなかった宗派はこの宗派だけだったと述懐している。

クエーカーはチャールズ二世[7]の時代にも迫害されたが、それは信仰のゆえにではなく、聖職者に十分の一税を払おうとせず、裁判官に敬語をつかわず、法によって定められた宣誓を拒んだからである。

最終的には、一六七五年、スコットランド出身のロバート・バークレーが自著『クエーカー弁護論』を王に献上した。これはこの手の書物としてはきわめて良質のものである。チャールズ二世にたいする献呈の辞には、卑屈なへつらいなど見えず、むしろ大胆にもかずかずの真実が語られ、まっとうな提言も含まれている。そして、献辞の末尾で著者はチャールズにむかってこう述べる。

「君は人生の甘みも苦みも、隆盛も最大の不幸も味わってきた。自分の統治する国から追われたこともある。圧制の重たさも体で知っている。抑圧者は神からも人間からもどれほど嫌悪される存在であるか、君が知らないはずがない。もしも君の心が、かずかずの試練と祝福を経験したのちに、なおも頑《かたく》なになり、不遇のときにも君を思ってくれた神のことを忘れたりするのであれば、君の罪はそれだけにますます大きくなり、ますます恐ろしい罰を受けることになるだろう。ゆえに君は、宮廷のなかでのおべっかの言葉ではなく、けっしてこびへつらうことのない君自身の良心の声に耳を傾けなさい。以上、君の忠実な友にして忠実な臣下、バークレー」

こうした文章よりももっと驚くべきは、この献辞が、名もない一個人による国王あての手紙でありながら文字どおりの効果を発揮したことである。すなわち、迫害が止んだ。

7　チャールズ二世は、クロムウェルの死後、一六六〇年の王政復古で即位し、一六八五年に死ぬ。

第四信　クエーカーについて

あの有名なウィリアム・ペンは、ほぼそのころあらわれた。かれはアメリカにクエーカーの一大勢力をうちたてた人物である。もしも、ひとびとがこっけいな外見よりもその背後にある徳性のほうを重視できたのであれば、ペンはヨーロッパでもクエーカーを尊敬にあたいする宗派にしていただろう。ペンの父親は、のちの国王ジェームズ二世であるヨーク公の寵臣で、イギリス海軍の副提督だった。ペンはその騎士爵《ナイト》ペンの一人息子である。

ウィリアム・ペンは十五歳のとき、在学していたオックスフォードでひとりのクエーカーと出会う。このクエーカーがかれを説き伏せ、改宗させた。ペンは元気はつらつとした若者で、生まれつき能弁であった。しかも、容貌や態度には気品があるものだから、たちまちのうちに幾人かの学友の心をつかんでしまった。そして、かれのところに集まる者たちで、若いクエーカーの会をいつのまにか結成した。こうしてかれは十六歳にして、この宗派の指導者となったのである。

学校を卒業すると、海軍の副提督であった父の家にもどったが、そのとき、かれはイギリスのしきたりにはしたがわなかった。つまり、父親のまえにひざまずいて祝福を乞うということをせず、帽子をかぶったまま父親に近づき、こう言ったのだ。

「友よ、お元気そうなので安心しました」

副提督はこのとき、息子は頭が変になったと思ったが、ほどなく、息子はクエーカーになったのだとわかった。父親はひたすら息子の将来のことを思い、息子をふつうの人間にするためにあらゆる手段を講じた。ところが息子は、父親自身もクエーカーになるべきだと、逆に父親にむかって熱心に説くのであった。

ついには父親のほうが折れた。そして父親が、せめてこれだけはと息子に求めたのは、国王やヨーク公のまえでは帽子を脱いで小脇にかかえること、けっして国王やヨーク公にむかって対等なしゃべりかたをしないことであった。すると息子ウィリアムは、そんなことは自分の良心が許さない、と答えた。父親は激怒し、絶望して、息子を家から追い出した。若者ウィリアム・ペンは、自分が正しいと信ずることのために早くも苦難に遭ったことを神に感謝した。かれは首都に入り、そこで説教をおこなって、たくさんの新しい帰依者をえた。

　国教会の牧師がおこなう説教は、日ごとに聴衆がまばらになっていった。いっぽう、ペンは若くてハンサムでスタイルもよかったので、宮廷の女性も町の女性もいそいそと彼の話を聴きに来た。教祖のジョージ・フォックスもその評判を聞いて、イングランドの奥地からはるばるロンドンまでペンに会いに来た。そして、二人はともに外国で伝道することを決意し、海をこえてオランダに渡った。もちろんロンドンというぶどう園[1]にも、相当の数の働き手を残し、そこでのしごとを続けさせた。

　アムステルダムでの二人の活動はかなり成功した。しかし、二人にとって最高の名誉となったことは、二人の謙虚さに最大の危機をもたらした。すなわち、それはプファルツ選帝侯[2]の公女エリーザベトとの面会ができたことである。エリーザベトは、イギリス国王ジョージ一世の伯母にあたり、秀でた知性と学識によって名高い女性であり、デカルトも自分の哲学小説[3]を彼女に献呈している。

　彼女はそのころハーグに隠退しており、その地でこの友《フレンド》たちと面会した。フレンドとは、そのころのオランダでのクエーカーの呼び名である。[4] 会見は何度もおこなわれ、ペンたちはしばしば公女のところでじかに教えを説いた。彼女を完璧なクエーカーにすることはできなかったにせよ、少なくとも二人の言によれば、彼女は天国からさほど遠くないところまで近づいた。

フレンドたちはドイツでも種をまいたが、収穫は思わしくなかった。殿下だの閣下といった敬称をかならず口に出して添えねばならない国では、誰とも対等なしゃべりかたをするのは悪趣味とされたのである。ペンはほどなく父親危篤との知らせを受け、イギリスに帰国した。そして、臨終の父に寄りそった。[5] 副提督は息子と和解し、信仰はちがっていても息子をやさしく抱きしめた。ウィリアムは父親に、秘跡など受けず

1　ぶどう園で働くとは主のために働く、すなわち伝道にいそしむことのたとえ。
2　選帝侯とは、ドイツ国王にたいする選挙権をもつ領主のこと。
3　哲学小説とは、『哲学原理』（一六四四年）のこと。
4　クエーカーがフレンドと呼ばれたのは、オランダにかぎらず一般的。
5　これは正しくない。父親はペンがオランダに渡る前に死んでいる（一六七〇年）。

にクエーカーとして死んでほしいと求めたが、これは聞いてもらえなかった。また、ご老人のほうもウィリアムにむかって、せめて袖口にボタン、帽子には飾り紐をつけてくれと頼んだが、これもむなしかった。

ウィリアムは巨額の財産を相続した。その財産には父親が国王に貸した金も含まれる。海軍の遠征のさい、副提督であった父が立て替えて支払った分である。当時、国王の借金は回収がもっとも期待できないものであった。ペンは、一度ならずチャールズ二世やその大臣たちのところへ出向き、彼らを相手に、例の対等な言葉づかいで借金の返済を求めざるをえなかった。

一六八〇年、政府はペンにたいし、現金のかわりにアメリカの一地方の所有権と主権を授けた。まさにひとりのクエーカーが、メリーランドの南［原文のまま］に位置する一地方の領主となったのである。ペンは自分についてくるクエーカーを二隻の船にのせ、新しい領土にむけて出発した。

この地方は、以後、ペンの名にちなんでペンシルバニアと呼ばれるようになった。ペンはそこにフィラデルフィアという町を建設したが、この町は今日大繁栄している。ペンはまず最初に、近隣のアメリカ先住民と同盟を結んだ。これはアメリカ先住民とキリスト教徒とのあいだで交わされ、宣誓などはなされないのに一度も破られることのなかった唯一の契約である。新しい領主は同時にペンシルバニアの立法者となった。きわめて賢明な法律が制定され、その法律はその後まったく変更されていない。その第一条は、宗教上の理由でひとを虐待してはならないと言い、そして、神を信じる者はすべて兄弟と見なければならないとする。

ペンが政府を樹立すると、ほどなく、すでにアメリカに来ていた商人たちがどんどんとこの植民地に移ってきた。この地の先住民も、森のなかに逃げこむのではなく、平和を愛好するクエーカーといつのまにやら親しくなった。先住民は、アメリカを征服し荒廃させたほかのキリスト教徒を憎んだが、そしてその分だけ新参のクエーカーを好ましく思った。俗に野蛮人と呼ばれるこれらのひとびとの大多数は、たちまちかれらの新しい隣人の温厚さに魅せられた。群れをなしてウィリアム・ペンのもとに押しよせ、どうか自分たちもペンの臣民に加えてほしいと頼んだのである。この君主には誰もが対等な言葉づかいで、しかも帽子をかぶったまま話しかけることができる。この政府には司祭などいない。人民は武器をもたない。裁判官以外、市民はみんな平等である。そして、隣人に嫉妬する者はいない。じつにこれはまったく歴史的に新しい光景であった。

ウィリアム・ペンはいわゆる黄金時代をこの地上に実現させたと自慢してもよかった。黄金時代というのは、言葉としてはさんざん耳にするが、それがほんとうに実現した場所はペンシルバニア以外にないと思われる。ペンは、チャールズ二世の没後、自分の新しい領土にかんする用事でイギリスに戻った。

後継の国王ジェームズ［二世］は、ペンの父親を愛していたので、その息子のペンにたいしても同様の愛情をしめした。そして、ペンをもはやたんなる無名の一宗徒としてではなく、ひとりのきわめて偉大な人物としてあつかった。国王のクエーカーにたいする政策は、国王の内的な志向と合致していた。国王は、非国教徒を抑圧する法律を廃止することによってクエーカーを喜ばせると同時に、この信教の自由を利用して、イギリスにカトリックを導入したいと考えていたのである。

イギリスのすべての宗派がその罠に気づき、それにひっかかることはなかった。イギリスではすべての宗派がカトリックを共通の敵とし、つねに反カトリックで団結する。しかし、ペンは自分を愛してくれる国王に逆らいたくなかったし、自分を憎んでいるプロテスタント諸派の側につくために自分の原則を棄てねばならないとも思わなかった。ペンはすでにアメリカで信教の自由を確立した。自分が、その自由をヨーロッパでは破棄したがっていると思われるのは嫌だった。そこで、かれはジェームズ二世への忠誠を守り続けたが、そのためにかれは多くのひとびとからイエズス会士だと非難されることになった。この中傷にペンはひどく心を痛めた。そして、自己弁護をするために数々の文章を発表せざるをえなくなった。

一方、ジェームズ二世も不幸であった。かれは、スチュアート王家のほぼ全員がそうであったように、偉大さと弱さをあわせもち、行動においてはあまりにもやりすぎるか、もしくはあまりにもしなさすぎるか、極端であった。そして、どうしてものごとがそうなったのか誰にもわからぬまま、かれは自分の王国を失うにいたった[6]。

イギリスのすべての宗派は、信教の自由をジェームズ二世からもらい受けるのを拒んだが、ウィリアム三世とその議会からは受けとった。クエーカーが、いま保有しているすべての特権を、法律の強制力によってはじめて享受できるようになったのも、まさにこのときからであった。

6 一六八八年、いわゆる名誉革命がおこなわれた。

ペンは、自分の宗派がとうとう自分の母国でもしっかりと確立したことを見届けて、ふたたびペンシルバニアに戻った。それはあたかも父親が子どもらに会うために帰ってきたかのようであり、かれの領民とアメリカ先住民たちは歓喜の涙でかれを迎えた。かれがつくった法律は、かれが留守のあいだもさながら経典のようにすべてうやうやしく守られていた。そんなことはかれ以前のどんな立法者にもありえないことであった。

ペンはそれから数年間ペンシルバニアにとどまっていたが、けっきょくは心ならずもそこを離れる。ペンシルバニア住民のための新しい商業上の特典を請願するためにロンドンへ向かった。以後そのままロンドンで暮らし、たいへんな老齢に達する。ひとびとからまるで一国の指導者、また一宗教の大指導者のように見てもらえた。そして、一七一八年、ようやく息を引き取る。

ペンシルバニアの所有と統治はペンの子孫が受けつぐとされたのだが、ペンの子孫はその統治権を金貨一万二千枚で国王に売り渡した。ただ、国王の財政事情により支払われたのは金貨一千枚にすぎない。フランス語でこれを読んでいる読者はおそらくこう考えるだろう。すなわち、内閣は残金を支払うと約束して、いずれにせよペンシルバニアの統治権を手に入れただろう、と。ところが、まったくそうはならなかった。国王は指定された期限内に全額を支払うことができなかったため、契約そのものが無効となった。ペンシルバニアの統治権はペンの子孫に戻された。

クエーカーの宗教がこれからアメリカでどのような運命をたどるか、私には何とも予測できない。しかし、ロンドンでいまクエーカーが日に日に衰退していることは私の目にも見える。およそどのような国においても、その国の支配的な宗教が、いっさい迫害などおこなわなければ、最終的にはその他のすべての宗教を飲みこんでしまうのである。

クエーカーは、イギリスでは国会議員になることも、いかなる公職につくこともできない。なぜなら、そうなるためには法的に宣誓をする必要があるのに、クエーカーはけっしてそういう宣誓をしようとしないからである。そこでクエーカーはやむをえず商売でお金を稼ぐしかなくなる。クエーカーの子どもたちは、親の勤勉な働きのおかげで裕福になり、快楽を求めるようになった。名誉を欲しがり、衣服にはボタンや袖飾りをつけたがるようになった。そして、クエーカーと呼ばれるのを恥ずかしく思い、流行にあわせてこぞってプロテスタント〔国教徒〕に転じている。

第五信　イギリス国教について

イギリスはさまざまの宗派が存在する国である。イギリス人は自由な人間として、自分の好きな道をとおって天国に行く。

ただし、この国では誰でも自分の好きな流儀で神につかえることができるといっても、かれらにとってほんとうの宗教、つまり、信徒に御利益をさずけてくれる宗教は、イギリス国教会《アングリカン・チャーチ》、あるいはたんに「ザ・チャーチ」と呼ばれる監督教会派《エピスコパリアン》の宗派である。イングランドやアイルランドでは、イギリス国教の信徒でなければ公職につくことができない。イギリス国教会に属さなかったひとびとがおおぜい国教に改宗したのは、まさに、そういうよんどころない事情による。今日、この支配的な教会に属さないままでいるのは、国民全体の二十分の一にも満たない。

イギリス国教会の聖職者は、カトリックからたくさんの儀式を受けついだ。とりわけ十分の一税を徴収する儀式は、きわめて几帳面に受けつがれた。また、この聖職者たちもカトリックと同じく、指導的な立場に上昇したいという宗教的な野心をもっている。

さらに、かれらは信徒たちのあいだで、非国教徒にたいする宗教的な憎悪が燃えあがるよう、ひたすらそれをあおる。その憎悪は、アン女王[1]の晩年、トーリー党政府のときにかなり強くなった。といっても、それは異端派の礼拝堂の窓ガラスをときどき割る程度のものにとどまる。なぜなら、宗派間の激しい抗争は、イギリスでは内戦とともに終息したからである。アン女王のころには、それはもはや嵐が遠くに去った後でもかすかにざわめく海の音程度の騒ぎにすぎない。昔のイタリアでグェルフィ党とギベリーニ党[2]が国を二分して争ったように、イギリスはホイッグ党とトーリー党[3]に分かれて争った。そういうとき、宗教もどちらかの党派に属さざるをえない。トーリー党はイギリス国教会の監督制度[4]を支持し、ホイッグ党はその廃止を求めた。とはいえ、ホイッグ党は、政権を握るとその主張をひかえめに唱えるだけで満足した。

つぎにトーリー党がめでたく政権につき、ハーレー・オックスフォード伯爵やボーリングブルック卿が党の繁栄を祝して乾杯の音頭をとったりした時期、イギリス国教会はトーリー党を教会の神聖な特権の擁護者と見なした。下級の聖職者たちから成る協議会があって、それはいわば聖職者のみによって構成された一種の下院ともいえるものだが、この時期にはいささか威信をそなえていた。それは少なくとも集会の自由、理をつくして論争をする自由、そして、ときどきは不敬な書物、すなわち国教会に反対する書物を焼き捨てる自由をもっていた。

今日、政権を握るのはホイッグ党で、その内閣はこうした聖職者のかたがたの集会さえ許さない。下級の聖職者は、めいめいの教区のうす暗がりに閉じこもり、本心では政府の苦難を望みながらも形としては政府の安寧を神に祈るというみじめな役回りを演じさせられている。主教とよばれる上級の聖職者は全部で二十六人だが、かれらはホイッグ党政権のもとでも上院に議席をもつ。これは、主教を男爵と見なすという

1　アン女王（一六六五～一七一四）。スチュアート朝最後の君主。

2　中世末期イタリアでは、ローマ教皇を支持する勢力（グェルフィ）とローマ皇帝を支持する勢力（ギベリーニ）が対立し相争った。

3　ホイッグ党は反王権派でのちの自由党、トーリー党は王党派でのちの保守党。

4　監督制度は、教会が国王の監督支配を受けるという制度。

悪弊がいまなお残存しているからである。しかし、かれらはパリの高等法院における同輩公[5]と同様、議会では何の力ももたない。

議員が国家にたいしておこなう宣誓のなかにひとつの条項があり、議員となる聖職者は、これによってキリスト教徒としての忍従が試される。すなわち、自分は法律によって設立されたものとしての国教会に属すると約束させられるのだ。国教会の主教であれ司祭であれ執事であれ、本心では、自分の身分は神権によるものだと考えている。したがって、自分たちの身分はすべて、聖職者ではない俗人がつくったつまらない法律によるものだと告白しなければならないのは、かれらにとってきわめて屈辱的な大問題である。

　イギリス国教会の聖職叙任については、最近、ある修道士（ル・クーレイエ神父[6]）がその有効性と継続性を証明する本を書いた。この本はフランスで禁書となったが、では、イギリスの内閣はこの書物を歓迎しただろうか。けっしてそんなことはない。あの不敬なホイッグ党は、国教会のなかで主教の継承に中断があったか、なかったかなど、ほとんど気にもしなかった。また、主教パーカー[7]が叙任されたのは（噂どおり）酒場のなかだったのか、教会だったのか、それもどうでもよかった。ホイッグにとっては、主教はキリストの使徒よりもイギリスの議会から権威をさずかるというのが望ましい。B［ボーリングブルック］卿がいうには、神権の思想は法衣をまとった暴君をつくることにしか役立たないが、法律は市民をつくるからである。

品行の点では、イギリス国教会の聖職者はフランスの聖職者よりもきちんとしている。その理由はこうである。イギリスの聖職者はみんなオックスフォード大学やケンブリッジ大学で育つ。つまり、腐敗堕落した首都から遠く離れたところで育つ。そして、かなり年をとってからでなければ、教会で高位の職につけない。そのとき、野心はすっかりしぼみ、もはや吝嗇である以外に何の情熱もない老人になっている。この国では、役職というのは教会においても軍隊と同様に、多年にわたるお務めの報酬である。学校を出たばかりの若い司教とか連隊長とかには、この国ではけっしてお目にある。

5　同輩公とは、王族と同席できる大貴族の称号。
6　ル・クーレイエ神父はフランスの神学者。問題の書は一七二三年にブリュッセルで出版され、一七二七年、フランスで禁書となる。
7　主教パーカーとは、一五五九年に叙任されたカンタベリーの大主教マシュー・パーカーのこと。

かかれない。

そのうえ、ここの聖職者はほとんどみんな妻帯者である。大学に行ったおかげで野暮ったさが身についているし、また、そもそもこの国の人間はご婦人たちと交際するということがあまりないため、一般的に、聖職者は自分の妻だけで満足せざるをえない。

聖職者もときどき酒場に行くが、これは慣例として許されているからである。聖職者は酔っぱらっても不まじめにはならず、けっして破廉恥なことはしない。

さて、聖職者でもなく俗人でもない、あの何とも定義しがたい存在、短く一語でアベ〔神父〕と呼ばれる連中は、イギリスではまったく知られていない種族である。こちらの国の聖職者はそろって控え目であり、ほとんどみんな学者みたいに見える。いっぽうフランスでは、不品行で知られながら、ご婦人がたとの性関係を利用して高位聖職者にまでなれた若造がごろごろいる。こういう連中は公然と色事にふけり、自分で恋の歌などつくって浮かれ騒ぎ、毎日のようにごちそうを並べた長時間の晩餐会をひらき、そしてその宴席から聖霊の光を祈願しに出かけて、図々しくも自分は使徒の継承者であると名乗ったりする。もしイギリスの聖職者が、フランスはこんな様子だと知ったら、自分たちはプロテスタントであることを神に感謝するだろう。しかし、フランスのこういう連中は、フランソワ・ラブレー先生もいうとおり、「悪魔どもの餌食になってしまうべき邪宗徒、火刑に処せられるべき異端者」[8]である。それゆえ、連中のことについては、私はもうこれ以上語らないことにする。

8 『パンタグリュエル物語 第三之書』(第二二章)。

第六信　長老派[1]について

イギリス国教が広まったのはイングランドとアイルランドだけにとどまる。スコットランドでは、長老派が支配的な宗派である。この長老派は、フランスで創設され、ジュネーブでいまなお存続している純粋のカルヴァン主義以外の何ものでもない。

この宗派の牧師は自分たちの教会からごくわずかな俸給しかもらっておらず、したがって、国教会の主教のような贅沢な暮らしなどできるはずがない。かれらが自分たちの手に入れられなかった栄誉にたいして非難の声をあげたのは当然の流れである。

高慢なプラトンをあざわらった傲慢なディオゲネス[2]のことをちょっと思い浮かべてもらいたい。スコットランドの長老派は、この偉そうな乞食姿の理屈屋にまあ似てないこともない。長老派がチャールズ二世にたいして示した態度は、ディオゲネスがアレクサンドロス大王に示した態度に劣らず、はなはだ敬意に欠けるものであった。というのも、長老派は、自分たちをあざむいたクロムウェルに敵対し、チャールズ二世に味方して武器をとったとき、気の毒にもこの国王に一日四回も説教を聞かせた。そして、トランプとかで遊ぶのを禁じ、悔い改めるための苦行を課した。あまりのことにチャールズはすぐに、こんなうるさい先生がたの国王であることに嫌気がさし、生徒が学校から抜け出すように国王はかれらの手から逃げ出してしまった。

フランスの若くて元気な神学生は、朝は神学校のなかで大声でさわぎ、夜はご婦人がたといっしょに歌いさわぐ。これにくらべれば、イギリス国教会の神学者はまるで堅物のカトーだ。[3] しかし、このカトーもスコットランド長老派の先生とくらべるならば、派手な伊達男《だておとこ》に見える。長老派の先生は重々しい歩き方、不機嫌そうな顔をし、大きな帽子をかぶり、短い上着に長いマントをはおり、鼻声で説教する。そして、年収が五万リーブルという恵まれた聖職者がいるような教会、しかも、おめでたいことにそういう聖職者が民衆から容認され、閣下だの猊下だの台下だのと敬称で呼ばれる

1　信徒代表の長老が、聖職者と平等の立場で教会を運営するキリスト教の会派。
2　ディオゲネスは古代ギリシアの哲学者。樽を住み処にしていたことで知られる。
3　このカトーはローマの政治家で、いわゆる小カトーのほう。謹厳実直で知られる。

ような教会に、長老派の先生は一括してバビロンの売春婦[4]という名前を授ける。

　長老派の先生がたはイングランドにもいくつかの教会をもっている。そのおかげでこの国の教会にも重々しく厳粛な雰囲気が入りこみ、流行していった。三つの王国で日曜が聖日とされたのも、かれらのおかげである。この日は働くことも遊ぶことも禁じられる。これはカトリック教会よりも二倍きびしい。日曜のロンドンでは、オペラもなく、お芝居もなく、演奏会もない。トランプでさえ禁止と、これはわざわざ念を押されているので、この日にトランプをするのは上流階級のひとびとと、いわゆる社交人だけである。その他の国民は説教を聞きに行くか、酒場に行くか、売春婦のところへ行く。

　グレート・ブリテン島では、イギリス国教会派と長老派が二つの支配的な宗派だが、その他のすべての宗派もここでは受けいれられ、みんなで一緒にそこそこ穏やかに暮らしている。とはいえ、それぞれの説教師たちの大部分は、心底では、ジャンセニスト[5]がイエズス会士をののしるのと同じくらいの激しさで、たがいに憎みあっている。

　さて、ロンドンの王立取引所にあなたも入ってごらんなさい。そこは裁判所などよりも、はるかに尊ばれるべき場所である。あなたがそこでヨにするのは、あらゆる国の代表者たちが人類の利益のために寄り集まっている光景だ。そこではユダヤ教徒、マホメット教徒、キリスト教徒があたかもみんな同じ宗派であるかのように、たがいに取引をおこなっている。ただ、破産なんかした者だけがみんなから異教徒呼ばわりされる。そこでは、長老派も再洗礼派[6]を信用して掛けで売り、イギリス国教徒もクエーカーから約束手形を受けとる。そして、この穏やかで自由な集まりから出ると、ある者はユダヤ教会堂に行くし、ある者は酒を飲みに行く。ある者は、父と子と聖霊の名において大きな水槽のなかでおこなわれる洗礼を受けに行くし、ある者は、自分の息子のペニスの包皮を切らせ、親にもわからないヘブライ語の文句を子どものため

4　バビロンの売春婦はヨハネの黙示録第一七章に出てくる。堕落しきった宗教をさし、プロテスタントにとってはローマ・カトリックをさす。

5　ジャンセニストは、オランダの神学者ヤンセン（ジャンセニウス）の思想を支持して、カトリック教会から異端視された。イエズス会士と激しく敵対した。

6　再洗礼派は、幼児洗礼を否定し、成人になって本人の意志で受ける洗礼のみを認めるプロテスタントの一派。

にもぐもぐ唱えてもらう。また、ある者たちは例の大きな帽子をかぶって、自分たちの教会に行き、そこで神の霊感が下るのを待つ。こんなふうにして、誰もが満足している。

もしイギリスに宗派がひとつしかなかったなら、その専制は恐るべきものになるだろう。もしも宗派がふたつなら、両派はたがいに喉を切り合うだろう。しかし、イギリスには宗派が三十もある。だから、みんな仲よく平和に暮らしているのである。

第七信　ソッツィーニ派、アリウス派、反三位一体派[1]について

この国には、聖職者と若干のたいへん物知りな俗人たちからなる、ひとつの小さな宗派がある。かれらは、アリウス派ともソッツィーニ派とも名乗っていないが、聖アタナシウス[2]が唱えた三位一体説をまったく認めず、「父」は「子」よりも偉大なりと明言する。

ギリシア正教の、ある主教の逸話はあなたも覚えておいでだろう。この主教は皇帝に「聖体共存説[3]」を納得してもらうため、いきなり皇帝の面前で皇子のあごをつかみ、そのうえ鼻までつまんで見せた。そんなふるまいに皇帝が激怒しかけると、もともと善人であるこの主教は皇帝にむかって、じつにみごとな説得力のある言葉を吐いたという。それはこうだ。

「陛下、陛下でさえわが子が無礼にあつかわれるとお怒りになられる。とすれば、父

なる神は、イエス・キリストが当然受けるべき称号をイエス・キリストに与えるのを拒むような者たちを、どんな目にあわせるとお思いか」

しかし、いま私が話題にしている宗派のひとびとに言わせれば、このご立派な主教の言葉は浅薄この上ない。主教の論法はスキだらけだ。皇帝は主教にむかってこう言い返せばよかったという。

「私にたいして無礼な態度というのは二通りあることを覚えておけ。ひとつは、私の子にたいして十分な敬意を払わないことだが、もうひとつは、私の子にたいして、私にたいする敬意と同じくらいの敬意を払ってしまうことだ」

そんな話はともかく、アリウス派はいま、オランダやポーランドでもそうだが、ここイギリスでも息を吹きかえし始めている。なにしろ、その考え方にはあの偉大なニュートン氏までもが賛同してくれた。なぜなら、ユニテリアン[4]はわれわれよりもきちんと幾何学的に論理を組み立てていると、この哲学者は考えたからだ。しかし、アリウス派の教義のもっとも強力な支持者となったのは、あの有名なクラーク博士[5]である。このひとは自分には厳しいが、ひとにはやさしいという立派な人物だった。自分の考えを広めるのに熱中するのではなく、自分の考えを自分で温めるのを好んだ。ひたすら計算と証明に没頭するかれは、いわばほんとうの思考する機械であった。

クラーク博士は、神の存在にかんする本を書いている。[6] この書物はほとんど理解されなかったのに評価は高い。もう一冊、キリスト教の真理にかんする本も書いたが、[7] これははるかにわかりやすいのに、評価はかなり低い。

クラーク博士は、われわれの友人[8]……が「ご大層なたわごと」と呼ぶスコラ哲学ふ

1　いずれも、三位一体説を否定して異端とされた宗派。
2　アレクサンドリアのアタナシオスとも呼ばれる。アリウス派の説をしりぞけて三位一体説を確立した。
3　聖体共存説は、イエスは父の本質から生まれ、父と同質であるとする説。
4　ユニテリアンは、三位一体説を否定する宗派の総称。
5　サミュエル・クラーク（一六七五〜一七二九）。イギリスの神学者、哲学者。クラーク対ライプニッツ論争（空間・時間・運動にかんする科学史上きわめて名高い論争）で、クラークはニュートンを代弁する。
6　『神の存在と属性の証明』（一七〇五年）。
7　『自然宗教の不変の業務、およびキリスト教の啓示の真理と確実性』（一七〇六年）。

うの大げさな論争にはいっさい関わらない。かれは最初の数世紀のユニテリアンにたいする賛否両論を、一冊の本[9]に網羅して出版することで満足した。賛否の票数を数えて、それをどう判定するかは読者にまかせたのである。この本のおかげで博士はたくさんの支持者を得たけれども、しかし、博士はこの本のせいでカンタベリーの大主教になりそこねた。私が思うに、博士はここで計算まちがいをした。ほんとうなら、アリウス派の教区司祭でいるよりも全イングランドの首位聖職者になったほうがずっとよかった。

かくのごとく、言論の領域においても、さまざまの帝国で起きた革命と同じように革命が起こるものである。アリウス派は、最初の三百年の隆盛と十二世紀にわたる忘却ののち、ついに自分の灰のなかからふたたび蘇った。しかし、そのタイミングはとても悪かった。それがふたたびあらわれたのは、世間の誰もが宗教論争とか宗派とかには飽きてうんざりしているときだったからである。

アリウス派はまだ小さすぎるので、公然と集会を開く自由は得ていない。もっと人数が増えたならば、その自由も得られるだろう。しかし、現在、ひとびとはこうしたことにすっかり熱がさめてしまっているので、あたらしい宗教にせよ、再生した宗教にせよ、それが隆盛にむかう可能性はほとんどない。

それにしてもおかしな話ではないか。ルター、カルヴァン、ツウィングリ[10]といった読むにたえない著述家たちがそれぞれ宗派をうちたてて、それがいまヨーロッパを分けあっている。学問とは無縁なマホメットがアジアとアフリカにひとつの宗教をあたえた。ところが、ニュートン、クラーク、ロック、ルクレール[11]といった当代最高の哲学者、最良の文筆家たちですら、そうとう努力してようやく小さな信者集団をつくるのがやっとだし、しかもその小さな集団さえ日ごとに人数が減っている。

つまり、世に出て活躍するにはしかるべき時機があるということなのである。あのレ枢機卿[12]が今日ふたたび世に現れたとしても、パリで十人のご婦人たちを寄せ集める

8　友人が誰なのかは諸説あり。ボーリングブルックだとか、あるいはヴォルテール自身だとか。
9　『三位一体にかんする経典・教義』（一七一二年）。
10　ツウィングリは、十六世紀スイスの宗教改革者。
11　ジャン・ルクレール（一六五七〜一七三六）はスイスの神学者で、オランダに移って哲学や宗教史を教える。

こともできないだろう。

クロムウェルは、国王の首を切り落として自分が国の主権者になった男だが、もしいままた生まれかわって現れたとしても、せいぜいロンドンで商人になるのが関の山だろう。

12
レ枢機卿（一六一三〜七九）は、フロンドの乱（十七世紀フランスで起こった貴族の反乱）の立て役者のひとり。弁舌たくみな策謀家として知られる。晩年に書いた『回想録』でいまも名を残す。

第八信　国会について

イギリスの国会議員は、何かにつけて自分たちを古代のローマ人になぞらえるのがお好きである。

わりと最近の話だが、シッペン氏[1]は庶民院の演説で冒頭こんな言葉を述べた。「イギリス人の尊厳が傷つけられます……」この言いまわしがあまりにも奇妙だったので、どっと笑いが起こった。しかし、シッペン氏がすこしも動ぜず、同じ言葉を断固として繰り返すと、もう誰も笑わなかった。私の気持ちを正直にいうと、イギリス人の尊厳とローマの市民の尊厳には何の共通点もない。イギリスの政治とローマの政治にいたっては、なおさら共通点がない。

なるほど、ロンドンには元老院のようなものがある。何かのまちがいだろうが、そのメンバーの何人かは、昔のローマでおこなわれていたように、機会があれば自分の票を金で売ると疑われている。[2] しかし、イギリスがローマと似ているのはこの点のみである。私が思うに、その他の点では、この二つの国の人民は、よい面でも悪い面でもまったく似ていない。

　宗教戦争などという恐ろしい狂気の沙汰は、ローマの時代にはまったく見られなかった。こうしたおぞましい行為は、こちこちの信心家たちが専門とするものであったが、かれらは口では謙譲と忍耐を説教する連中なのであった。

ローマにおいて、マリウスとスラ、ポンペイウスとカエサル、アントニウスとアウグストゥスが、[3]「祭司《フラーメン》」は法衣のうえにシャツを着るべきか、それともシャツのうえに法衣を着るべきかといったことで争って、戦ったりはしなかった。あるいは、聖なる鶏で吉凶を占うとき、この鶏に食べ物と飲み物を与えるべきか、それとも食べ物の

1　ウィリアム・シッペン（一六七三〜一七四三）。トーリー党の右派で、公然と名誉革命に反対する勢力（ジャコバイト）に属する。

2　ホイッグ党のウォルポール政府（一七二一〜四二年）はさかんに買収をおこなって、政権を強化した。

3　列記したのはいずれも内乱の一世紀の、ローマの将軍たち。

みを与えるべきかといったことで争って、戦ったりはしなかった。[4]

ところが、イギリスではそういう程度の争いのために、かつてはイギリス人どうしが互いに相手を重罪裁判で絞首刑にしたり、互いに軍隊をつくって戦場で殺しあったりしたのである。国教会や長老派はまじめな宗派であるが、一時はのぼせて頭が変になった。私が想像するに、そういうばかげた考えでかれらの頭が混乱することは、もうないだろう。痛い目にあった分だけ賢くなっているはずだからである。もう今後は、くだらない議論のために殺し合いをしたいなどとは思わないだろう。私はそう見ている。

さて、ローマとイギリスとのあいだにはもっと本質的なちがいがある。しかも、見比べるとイギリスのほうが断然すぐれている、そういう相違点だ。それは、ローマにおける内戦の結果が奴隷制であったのにたいして、イギリスにおける騒乱の結果は自由であったこと。[5]イギリス国民は、国王に抵抗して国王の権力を制限するのに成功した地上で唯一の国民である。そして、努力に努力を重ねて、ついに現在のような賢明な政府をうちたてた国民である。この国では、「王は、善をなすためには絶対的な権力を持つが、悪をなそうと欲すれば、たちまち手枷足枷をはめられてしまう。[6]」貴族は貴い身分とされるがけっして横柄ではなく、家来ももたない。そして、国民も政治に関与するが、それによって混乱などは生じない。

貴族院と庶民院が国民のそれぞれの調停者であり、国王はその上位の調停者である。こういうバランスがローマ人には欠けていた。ローマでは、貴族と平民はつねに反目しあい、両者を和解させる中間勢力は存在しなかった。ローマの元老院は、平民とはいっさい何も共有したくないというまことに不埒で、罰せられるべき傲慢《ごうまん》さがあった。平民を政治から遠ざけるためには、外国との戦争を起こして平民をもっぱらそれに忙

4　キリスト教の儀式、聖餐へのあてこすり。パンとワインを用いるか、パンのみを用いるかで争われた。

5　モンテスキュー『ペルシア人の手紙』（一七二一年）にもこんな記述がある。「このくに［イギリス］では、ごらんのとおり、自由の焔は何時もきまって内戦や謀叛の火のなかから燃えあがるのです」（第一三六信、大岩誠訳）

6　この一文はフェヌロン『テレマコスの冒険』（巻の五、二宮フサ訳）からの引用。テレマコスはギリシア神話の英雄オデュッセウスの息子で、かれがクレタ島における王の権威について賢者メントルに尋ねたときの答えがこの一文。

殺させる。それが元老院の唯一の秘策であった。元老院の連中の目に、人民は危険な猛獣に見えた。その猛獣がご主人にとびかかってご主人を食い殺すようなことがあってはいけない。だから、その猛獣は近隣の国々にむかって放たなければならない、と連中は考えたのである。こうして、ローマ人の政治のもっとも大きな欠陥が、ローマ人を征服者にした。ローマ人は国内で不幸であったからこそ、世界の支配者となったのである。しかし、国内における反目のゆえに、ついにはローマ人が他国の奴隷にされてしまった。

イギリスの政治は、華々しい成果をもたらすものでもなければ、痛ましい結果をもたらすものでもない。イギリスの政治の目的は、他国を征服するという華々しい愚行にあるのではなく、イギリスが他国によって征服されないようにすることにある。この国民は、自分たちの自由が失われないことを念ずるばかりでなく、他国民の自由までをも念じている。イギリス人は、フランスのルイ十四世にたいして激怒したが、それはただルイ十四世に勢力拡大の野心[7]があると思ったからにすぎない。イギリス人は積極的にルイ十四世との戦争に乗り出していったが、それはいささかも自分たちの利益を求めるものでなかったこともたしかである。

イギリスにおいて自由をうちたてるためには、もちろん多大の犠牲が払われた。ひとびとは専制権力の偶像を沈めるために、何度も血の海に入った。しかし、イギリス人は、良い法律を得るために自分たちが支払った代償は高すぎたとは少しも思わない。ほかの国々でもイギリスに劣らず、かずかずの内乱が起き、たくさんの血が流された。その血は、やはり自由という大義のために流されたのだが、しかし、ほかの国々では、その血は逆に国民の隷従を強める結果にしかつながらなかったからだ。

イギリスでは革命にまで成長するものも、ほかの国々ではたんなる暴動で終わる。スペインで、あるいは北アフリカ《バルバリア》で、あるいはトルコで、ある都市がみずからの特権を守るために武器をとったとする。すると、政府の傭兵によってたちまち鎮圧される。首斬り役人によって処刑される。生き残った者は、自分たちをしばる鎖にキスをさせられる。

7　いわゆるスペイン継承戦争（一七〇一～一四年）で、ルイ十四世はスペインとフランスの合同によってさらなる大国化を狙った。

フランス人は、この島国の政治は島をとり囲んだ海よりも波立ち荒れている、と考える。それはそのとおりだ。が、しかし、それは国王が嵐を呼んだときである。国王、つまり先頭にたつ水先案内人にすぎない男が、その船の主になろうとしたときに限られる。フランスで起きた内乱のほうが、いずれもイギリスの内乱より長期にわたり、より残酷で、より多くの犯罪をともなった。しかも、フランスの内乱はいずれのばあいにおいても、節度のある自由をめざしたりするものではなかった。

あの忌まわしいシャルル九世とアンリ三世の時代[8]、フランス人にとっての重大問題は、ギーズ家[9]の奴隷になろうか、なるまいかということだけであった。先ごろのパリでの市街戦[10]にいたっては、口笛でやじり倒す価値しかない。まるで学校の生徒たちが生徒監に反発して騒ぎを起こしたものの、けっきょくは鞭で打たれてしまった、といった程度の事件であった。レ枢機卿は、りっぱな才気と勇気をそなえながら、その使い方を誤り、何の口実もなく反乱を起こし、計画もなしに徒党を組み、軍隊ももたないのに頭目となった。かれは陰謀のために陰謀をめぐらし、まるで遊び半分で内戦を始めたように見える。高等法院は、自分たちが何をどうしたいのか、わからず、何をどうしたくないのか、それもわからずにいた。法令を出して徴兵したかと思えば、それを取り消す。威嚇したかと思えば、許しを乞う。マザラン枢機卿[11]の首に賞金をかけたかと思えば、つぎにはうやうやしくマザランのところに出向いて、お世辞を述べた。このように、わが国において、シャルル六世[12]の時代の内乱は残酷で、リーグ［カトリック同盟］が起こした内戦はおぞましく、フロンドの乱はバカげていた。

フランス人がイギリス人を非難する最大の事件は、チャールズ一世[13]を処刑したことである。しかし、この処刑は、チャールズ一世が内戦の勝利者であったなら、かれ自

8　十六世紀後半、フランスにおいて宗教戦争が激しかった時代。

9　ギーズ家は、リーグ（カトリック同盟）の中心となった大貴族。プロテスタント虐殺を開始し、サン＝バルテルミの大虐殺（一五七二年）にいたる。

10　フロンドの乱（一六四八〜五三年）をさす。

11　マザラン枢機卿はルイ十四世の宰相をつとめ、フランス絶対王政の土台づくりをした。

12　シャルル六世（一三六八〜一四二二）。在位は長かったが精神の障害のため政務不能で国は乱れた。

13　チャールズ一世（一六〇〇〜四九）。イギリス国王で、ピューリタンを弾圧した。クロムウェルの軍隊に敗れて処刑。

身が相手にたいしておこなったはずの処遇である。

もういちど、両国を見比べてもらいたい。チャールズ一世はしっかり陣形をととのえた会戦において敗れ、捕虜となり、裁判にかけられ、ウェストミンスターで死刑の宣告をうけた。いっぽうフランスでは、皇帝アンリ七世[14]はかれに聖餐を授けたお付きの司祭によって毒殺されたし、アンリ三世は、一党派全体の憤りを代表する一修道士によって暗殺されたし、アンリ四世のばあいは、三十回もの暗殺が企てられ、そのうち数回が実行され、最後の一回がついにフランスからこの偉大な国王を奪い去ったのである。これらの犯行を比較検討して、判断していただきたい。

14　アンリ七世（一二七五～一三一三）は神聖ローマ帝国の皇帝で、ハインリヒ七世ともいう。

第九信　統治について

イギリスの統治におけるこの見事な融合、平民と貴族と国王のあいだのこうした協調は、昔からずっとあったわけではない。イギリスは長いあいだ他民族に隷属してきた。ローマ人、サクソン人、デンマーク人、フランス人に支配されてきた。

とりわけ、ウィリアム征服王[1]は鉄の王権でイギリスを統治した。まるで東洋の君主さながらに、自分のあたらしい臣下となった人民の生命・財産をかってに処分した。かれは、イギリス人が夜の八時以降に自宅で火を使って料理をしたり明かりをつけることをいっさい禁じた。それを破った者は死刑に処するとした。これによって、かれはイギリス人に夜間の集会を禁じたかったのであろう。あるいは、この奇怪な禁令によって、かれは一個人の権力がほかのひとびとにたいして、はたしてどこまで及ぶのか、その限界を試してみたかったのであろう。

ウィリアム征服王の以前にも以後にも、イギリス人が議会をもっていたことは事実である。イギリス人はそれを自慢するが、かつて議会と呼ばれていたものは、専制的な僧侶と貴族を名乗る盗賊どもの集まりにすぎない。イギリス人はそういう議会を、あたかも自由と公共の福祉を守ってくれたものであるかのように自慢するのだ。

じつは、バルチック海の沿岸からヨーロッパのほかの土地に侵入してきた野蛮人たちが、身分会議あるいは議会のような慣習を、そのとき一緒にもちこんだ。蛮族の侵入はやたら騒がしく語られるけれども、その実態についてはほとんど知られていない。当時はどの国の国王もまったく専制的ではなかった。それは事実である。が、しかし、その分だけ人民は蛮族の下での隷従をますますみじめに感じて、苦しんだ。蛮族の首領たちはフランス、イタリア、スペイン、イギリスを荒らしたあと、各地で自分たちが君主となり、配下の武将たちもそれぞれ侵略した土地を分けあう。こうして

1　ウィリアム征服王は、もとフランスのノルマンディー公で、一〇六六年にイングランドを征服した（いわゆるノルマン・コンクエスト）。

辺境伯《マルグラーヴ》とか領主《レアード》とか豪族《バロン》といった下位の暴君ができた。かれらはしばしば国王とも張り合い、人民からの収奪を重ねた。かれらはまさしく、鳩の血をすするために一羽の大きなワシと争うタカやトンビたちなのであった。けっきょく、どの国でも人民は、ひとりの君主のかわりに百人の暴君をいただくことになってしまった。

やがて、司祭たちもこの勝負仲間に加わる。それまではずっと、ガリア人、ゲルマン人、およびイギリスの島民たちの運命を支配してきたのは、それぞれのドルイド僧[2]であり、それぞれの村落の長《おさ》であった。この長は、いわばのちの豪族にあたる存在だが、そういう後継者ほど横暴ではなかった。ドルイド僧は、神と人間をつなぐ仲介者であると自称し、さまざまの法律を定め、破った者を追放したり、死刑を宣告したりした。しかし、ゴート族やヴァンダル族[3]が統治するようになると、しだいにキリスト教の司祭たちがドルイド僧の世俗的権威を受け継いでいった。

そうした司祭たちの頭目として鎮座したのが、歴代の教皇である。教皇は、教皇書簡や勅書を用い、そして修道士を手先に使って、国王をふるえあがらせ、王座から引きずり下ろし、あるいは暗殺した。さらに、ヨーロッパから巻き上げられるかぎりの金銀を、すべて巻き上げた。

あの間抜け王イネ[4]は、イギリス七王国[5]の専制君主のひとりであるが、ローマに巡礼に行ったさいに、聖ペテロの故事[6]にそって（フランスのお金でおよそ一エキュに相当する）神殿税を、自分の領土の各戸ごとに払わせることを約束させられた。まもなく全島がこの例にならった。イギリスはこうして少しずつ教皇の領地となっていったのである。聖なる父［教皇］は法外な税金を取りたてるために、ときどきイギリスに特使を派遣した。

失地王ジョン[7]にいたっては、自分を破門した教皇に王国の全土を献上するしまつだった。貴族たちは、これでは割に合わないと見て、この情けない王を追放し、かわ

2　ドルイド僧は古代ケルト人が信仰したドルイド教の祭司。
3　いずれも大移動してきたゲルマン民族。
4　イネはウェセックスの王。在位は六八八〜七二六年と長く、成文法の制定で知られる。ローマ巡礼は、正しくは退位後。
5　七王国は、六世紀末から九世紀、イギリスにつくられたアングロ・サクソン人の部族国家。
6　マタイ福音書、一七の二五。ペテロが払った神殿税は二デナリ（労働者二日分の賃金に相当）。この献金はイギリスではピーターズ・ペンスと呼ばれる。
7　失地王ジョン（一一六七〜一二一六）。フランスとの争いで、領地を大量に失った。

りにルイ八世を王の座につけた。ルイ八世はフランス国王の聖王ルイの父親である。しかし、貴族たちはあたらしく迎えたこの国王にもすぐに嫌気がさし、ふたたび海のむこうに追い返してしまった。

豪族たちと司祭たちと代々の教皇は、誰もかれもがイギリス全体の支配をねらい、こうしてイギリスを分裂させていた。そういう連中とべつの側にいたのが人民である。すなわち、人口の大多数をしめ、人口のうちでもっとも徳の高いひとびと、したがってもっとも尊敬にあたいするひとびとがいた。この人民を構成するのは、法律や科学を研究する者、商人や職人、一言でいうなら、専制とはまったく無縁のひとびとである。豪族や司祭や教皇は、何と、こういう人民を人間以下の動物と見なしていた。

当時においては、平民が国の統治に関与するなんて、とんでもない話であった。平民とは農民のことであった。かれらの労働、かれらの生命は、貴族と呼ばれるご主人様のものであった。

ヨーロッパにおいて、人間の大多数は、今日でも北辺のいくつかの地域に存在している種族、すなわち領主の持ちものとしての農奴であった。土地とともに売買される家畜と同様のものであった。人間が人間として扱われるようになるには、数世紀を要した。大多数の人間が種をまき、ごく少数の人間がその果実を手に入れるということが、おぞましいことと感じられるようになるためには、数世紀が必要であった。そして、こんな最低の強盗どもが備えていた権威も、フランスでは国王の合法的な権力によって消滅し、イギリスでは国王と人民の合法的な権力によって消滅した。これは人類にとって喜ばしいことではないだろうか。

幸いなことに、国王と大貴族たちの抗争はそのたびに帝国を揺るがし、国民をしばっていた鉄鎖も多少ゆるくなった。イギリスにおいて、自由は、まさしく暴君どうしの抗争から生まれたのである。貴族たちは失地王ジョンと国王ヘンリー三世に、あの有名な大憲章[8]を強引に承認させた。ほんとうのところ、大憲章は、貴族が国王を支配下におくのが主たる目的で

8 いわゆるマグナ・カルタ。国王の権限を制限したことで、立憲主義の出発点となった。この「イングランドの自由の大勅許」は、一二一五年に調印。

あったのだが、一般の国民にも少し恩恵をあたえた。それは有事のさいに、国民を国民の庇護者と称する側につかせるためであった。

この大憲章は、イギリスにおける自由の神聖な起源と見なされているが、本文を読めば、イギリスで自由というものがいかに知られていなかったかが、はっきりわかる。「イングランドの自由の大勅許」というタイトルそのものが示すように、国王は自分に絶対的な権利があると思っていた。そして、貴族や僧侶たちも、自分たちが最大の強者であるからこそ、国王が自分のものだとしてきた絶対的な権利を力ずくで放棄させたのである。

大憲章の本文はつぎのように始まる。[9]「われわれは、われわれの自由意志にもとづき、つぎのような諸特権をわれわれの王国の大司教、司教、大修道院長、小修道院長、ならびに貴族たちに認める、云々」

この大憲章の条文のなかで、庶民院について一言も述べられていないのは、それがまだ存在していなかったか、あるいは存在しても何の力ももたなかったことを示す。一方、イギリスの自由民についてくわしく述べられているのは、悲しいことに、自由ではない人間がいたことの証明である。第三二条を見れば、自由民とされる者は自分の領主に奉仕する義務があるとされる。[10] このような自由なら、それは奴隷状態とたいしてちがわない。

第二一条[11]では、役人は今後、代金を支払うことなしに自由民から馬や荷馬車を徴発してはならない、と王は命ずる。この規則は、人民にとってこれこそほんとうの自由だと思われた。なぜなら、いちばんひどい専制のひとつがこれで取り除かれたからである。

ヘンリー七世[12]は、まんまと王位を奪いとるのに成功した人物で、たいへんな政略家であった。かれは貴族たちに好意をいだいているふりをしながら、じつは憎しみと恐れをいだき、貴族たちの領地を割譲させようと策謀した。その流れのなか、農奴たちは労働で財をなし、名門貴族の屋敷を買い取った。その貴族は自分の愚かしさのゆえ

9 ヴォルテールによる引用は不正確。
10 それに相当する記述なし。
11 正しくは第三〇条。
12 ヘンリー七世(一四五七～一五〇九)。

に身を滅ぼしたのである。こうして、すべての土地が少しずつその持ち主を変えていった。

庶民院は、日に日に力を増した。古くからの貴族は時とともに消えていった。そして、法律上厳密に言えば、イギリスでは古くからの貴族だけがほんとうの貴族なのであるから、そのままではこの国にはやがて貴族階級がまったく存在しなくなってしまうだろう。代々の国王たちはかつてあれほど貴族階級を恐れたのに、庶民階級があまりにも恐るべき存在になったので、それと対抗させるためにときどきあたらしい貴族をつくったのである。貴族という身分はこうして保存された。

あたらしくつくられた貴族たちが上院を構成する。あたらしい貴族たちは国王から、たんなる称号だけを授けられる。それ以上には何も授からない。貴族の称号には地名もつくが、じっさいにその土地を所有する者はほとんどいない。たとえば、ドーセット公爵というひとがいるが、そのひとはドーセットシャーに一片の土地も所有していない。また、ある村の伯爵は、その村がどこにあるのかもよく知らない。かれらが権力をもつのは議会のなかだけで、議会の外では何の権力ももたない。

この国で、裁判所に上級・中級・下級の区別があるという話は聞いたことがない。また、市民の私有地における狩猟の権利という話も聞いたことがない。なにしろ、この市民は自分自身の土地においてさえ一発も銃を撃つ自由がない。

この国では、人間が、貴族だからとか聖職者だからという理由で、あれこれの税の支払いが免除されることはいっさいない。税金はすべて庶民院が定める。庶民院は、地位としては二番目だが、実力は一位なのである。

貴族や主教たちは、庶民院が定めた租税の法案《ビル》を、もちろん拒否することはできる。しかし、それに修正を加えることはまったく許されていない。つまり、かれらは黙ってそれを受けいれるか、まったく拒否するか、どちらかでなければならない。法案が貴族によって承認され、国王によって批准されてから、すべての者が税金を払うのである。

各人はその肩書きに応じて税金を払うのではなく（そんなことはそもそもバカげている）、各人はその収入に応じて税金を払う。タイユ税[13]のようなものや、徴税官の裁量

13　タイユ税は、フランスにおいて国王が軍事税の名目で平民から取りたてた直接税。

による人頭税など、この国にはいっさいない。あるのはただ土地に課される地租のみである。土地はすべて、あの有名な国王ウィリアム三世のもとで査定がなされた。すべて、じっさいの価格よりも低く査定された。[14]

土地からの収入は上昇していったのに、税金はずっと定額のままである。というわけで、税金でおしつぶされる者はひとりもおらず、税金に不平をいう者も誰ひとりいない。農民は木靴で足を痛めることもなく、白いパンを食べ、身なりもきちんとしている。家畜の数を増やしても、家の屋根を瓦でおおっても、それで翌年の税金が上がるおそれはないので、農民はまったく心配しない。この国には、およそ二十万フランぐらいの財産をもつ農民がざらにいる。かれらは、土地を耕しつづけることを蔑んだりはしない。土地はかれらを裕福にしてくれる。そして、その土地でかれらは自由に生きている。

14　地租は、一六九三年にウィリアム三世が始めた、いわゆるプロパティ・タックス。

第一〇信　商業について

商業は、イギリスの市民を裕福にしたうえに、市民を自由にすることにも貢献した。そして、この自由がこんどは商業を発展させたのである。イギリス国家の偉大さは、まさに商業によって形成された。

商業が海軍の力を少しずつ増強させた。イギリス人はこの海軍の力によって、いまや海の支配者だ。イギリス人が現在所有する軍艦は、およそ二百隻におよぶ。ひとつの小さな島国が、商業のおかげで、これほど強大な国に成長したことは、後代のひとびとにとっても驚きだろう。この島国が国内で産出するのは、ごくわずかな鉛、錫《すず》、フラー土[1]、および粗悪な羊毛にすぎない。ところが商業のおかげで、一七二三年には三つの艦隊を同時に、それぞれ世界の果てに派遣するまでになった。すなわち、ひとつの艦隊は、すでにイギリスが武力によって制圧・維持しているジブラルタルへ向かい、もうひとつの艦隊は、インドの財宝をスペイン国王の手に渡さないためにプエルト・ベロ[2]へ向かい、三つめの艦隊は、北方の列強どうしの戦いを抑止するためにバルト海へ向かったのであった。

フランス国王ルイ十四世がイタリア全体をふるえあがらせ、フランス軍がすでにサヴォワとピエモンテを制圧して、トリノ攻略に取りかかったとき、オイゲン公[3]は、サヴォワ公を救援するためには、はるかドイツの奥地から進軍をしなければならなかった。しかし、オイゲン公には資金がまったくなかった。資金がなければ、街を攻めることも守ることもできない。そこでオイゲン公は、イギリスの商人に助けを求めた。すると、わずか半時間で五千万もの大金を用立ててもらえた。これによって、かれはトリノを解放し、フランス軍を打ち破った。オイゲン公は、大金を用立ててくれたイギリスの商人たちに、つぎのような短い手紙を書いている。

1　フラー土とは、羊毛から脂を除くのに使う粘土。
2　プエルト・ベロは中米パナマの港。ちなみに、インドとは西インド諸島をさす。
3　オイゲン公はオーストリアの名将。トリノの戦いは一七〇六年。

「各位。私が受けとったみなさんがたのお金は、みなさんに満足していただけるように用いました」

こうしたことのすべてから、イギリスの商人が自信をもつようになったのは当然だ。さらには、自分をローマ市民になぞらえたりするまでになったのも無理な話ではない。また、ある貴族の弟は商売の世界に入ることを少しも恥と思わない。じっさい、国務大臣タウンゼント卿の弟は、ロンドンの金融街《ザ・シティー》の商人になったことに満足している。オックスフォード卿がイギリスを治めていたころ、かれの弟はシリアのアレッポで代理商をしていた。そして、帰国することを望まず、その地で亡くなっている。

こういう慣習は、あいにく消え始めているとはいえ、自分の「家柄」にこだわるドイツ人にはやはりそら恐ろしいものらしい。貴族の息子は、ドイツではみんな貴公子であるのに、イギリスでは金と力のあるブルジョワにすぎなかったりする。ドイツ人にはそれがどうにも理解できない。これはじっさいの話だが、ドイツでは、同じ姓を名乗る殿下が三十人もいて、その殿下の財産といえばその家の紋章と態度の尊大さだけだったりする。

フランスでは、なりたければ誰でも侯爵になれる。へんぴな田舎からパリにやってきた人間でも、ばらまけるほどの大金と、語尾にアック[ac]とかイーユ[ille]がついた名前をもっていれば、偉そうに「私のような素性の人間は」とか「私のような身分の人間は」とか言って、商人を見下すことができる。フランスでは商人のほうも、自分の職業についてひとびとが軽蔑した口調で語るのをしょっちゅう耳にするものだから、愚かにも自分の職業を恥じて顔を赤らめる。

それでも、国家にとって有用なのは貴族のほうなのか、商人のほうなのか、私には何とも答えられない。なにしろ、貴族はきちんと頭に髪粉をふりかけ、国王のお目覚めの時間とおやすみの時間を正確に知っているし、ふだんは大物らしくふるまいながら大臣の控えの間では奴隷の役が演じられる。いっぽう、商人はその国を豊かにし、自分の事務室からスラト[4]やカイロに指図を送り、世界の幸福に貢献している。

4　スラトはインド西部の港。イギリス最初のインド植民地。

第一信　種痘[1]について

ヨーロッパのキリスト教の国々でささやかれている話によれば、イギリス人は頭が変で、とんでもないことをしている。頭が変だというのは、子どもを天然痘から守るために、子どもを天然痘にしているからである。とんでもないことというのは、かかるかどうか不確実な病気を予防すると称して、かかるのが確実な恐ろしい病気をすすんで子どもたちに移しているからである。

いっぽう、イギリス人はイギリス人で、こう言っている。「ほかのヨーロッパ人は臆病で、ひとでなしだ。臆病だというのは、自分の子どもにほんの少しだけ痛い思いをさせるのを恐れるから。ひとでなしだというのは、自分の子どもがいつか天然痘にかかって死ぬかもしれないのに、子どもをその病気の危険にさらしているからだ」

この言い争いはどちらに分があるか。それを判断するために、イギリス以外の国々ではやたらに恐ろしいものとして語られている例の有名な種痘について、その歴史を眺めてみることにしよう。

サーカシア[2]の女たちには、いつとも知れぬ大昔から、自分の子どもを小さいうちに天然痘にしてしまう習慣があった。つまり、生後六ヵ月になったら子どもの腕に切り傷をつけ、そこにほかの子どもの体から慎重に採取した膿《うみ》を植えつける。その膿は、腕のなかへ浸透し、あたかもパン生地の酵母のような働きをする。膿はそこで発酵し、その膿に備わるもろもろの性質を体全体の血液に広げる。この人工の天然痘にかかった子どもの吹き出物は、またべつの子どもに同じ病気を移すために用いられる。サーカシアでは、ほとんど途絶えることなくこの循環がつづいている。もし、不幸にしてこの地方で天然痘が途絶えたりすると、ひとびとは、大凶作のときと同じように困りはててしまう。

1　ジェンナーによる「牛痘法」の発見は、これより半世紀後の一七九六年である。
2　サーカシアは北コーカサス地方（現在ロシア連邦内）。

ほかの民族にはまったく奇妙に見えるこの習慣がサーカシアに導入された理由は、全世界に共通のものである。すなわち、母の愛と、損得の計算である。サーカシア人は貧しい民族だが、そこの娘は美人ぞろい。したがって、そこでいちばんの売り物は娘たちということになる。サーカシア人は、トルコの皇帝やペルシアの賢者《スーフィー》のハーレム、また、こういう高価な商品を買って養える大金持ちのハーレムに、美しい娘たちを供給する。ほんとうに心をこめて育て上げられ、上手にしつけられた娘たちは、男をたくみに愛撫することができる。いやらしく体をくねらせる扇情的な踊りができる。自分が仕える尊大なご主人様の情欲をかきたてるために、ありとあらゆる技を駆使して官能をくすぐることができる。サーカシアの貧しい娘たちは、そんな女になれるよう、毎日くりかえし母親から訓練を受ける。それはちょうど、われわれの娘たちがまったく意味もわからぬままにカトリックの教義問答集を復唱させられるのに似ている。

しかし、父親と母親がさんざん苦労して子どもたちにりっぱな教育をさずけても、親たちの希望が突然むなしいものとなることがしばしば起こった。天然痘が家族を襲ったばあいである。娘のひとりはそれで死に、もうひとりは片目を失い、三人目は治っても鼻が大きくなっていたりする。そうなると、この貧しいひとびとはもう生きる手立てがなくなって破滅した。また、天然痘が流行すると、交易が何年も途絶えてしまう、そういうこともしばしばあった。そのばあいには、ペルシアやトルコのハーレムで、いちじるしい女不足が発生した。

商業で生きる民族は、つねに自己の利害にとても敏感である。自分の商売に有益な知識なら、何であろうとおろそかにはしない。

サーカシア人はつぎのことに目をつけた。すなわち、本格的な天然痘に二度かかる者は千人にひとりもいない。軽症の天然痘なら三度、四度かかる者がときどきいることはほんとうだが、命にかかわるほどの重症を二回も経験する者はない。要するに、一生のうちでこの病気に一回かかったら、ほんとうにもう二度とかからない。

かれらはまたつぎのことにも気づいた。すなわち、天然痘がきわめて軽症で、発疹がただ薄くて柔らかな皮膚のうえにしかできなかったばあい、顔には何の痕《あと》も残らない。

こうした自然の観察から、かれらはこう結論した。生後六ヵ月か一年の子どもが軽症の天然痘にかかるならば、死ぬことはないし、あばたも残らないし、しかもこれから一生この病気にかかる心配もない。

となると、子どもの命を守り、顔の美しさも守るには、うんと幼いうちに子どもを天然痘にすればよいことになる。まさにそれをかれらはおこなったのである。しっかりした天然痘だが、同時にできるだけマイルドな天然痘を見つけ、その吹き出物を幼い子どもの体に植えつけた。

実験は成功しないはずがなかった。トルコ人は良識のある民族なので、すぐにこの風習を採用した。だから、今日コンスタンチノープルでは、息子や娘に離乳と同時に天然痘を植えつけない高官《パシャ》はひとりもいない。

この風習はその昔アラブ人からサーカシア人に伝わったものだと主張するかたがたもいる。しかし、こういう歴史の疑問点の解明は、賢明なるベネディクト会修道士のどなたかにおまかせしよう。かれらなら、こういうことについてかずかずの証拠をそえて数巻の大型本を編み上げずにはおかないだろう。

私はといえば、この話題で語りたいのはつぎの話だけである。ウォートレー・モンタギュー夫人はイギリスの女性のうちでもっとも才知があり、並はずれて気の強い女性でもあるが、ジョージ一世の時代の始めごろ、夫の大使とともにコンスタンチノープルにいた。夫人は、この地で生んだわが子に天然痘を植えつけることを、少しのためらいもなく決心した。夫人のお付きの牧師は、そんな実験はキリスト教になじまないと言い、異教徒のあいだでしか成功しないと言ったのだが、ムダであった。ウォートレー夫人の息子への実験はみごとに成功した。

この貴婦人はロンドンにもどると、プリンセス・オブ・ウェールズ[4]、いまではイギリス王妃になっておられるおかたに、実験のことを伝えた。ここで私はぜひとも言っておきたいが、このプリンセスは、その位階や冠をぬきにしても、とにかくあらゆる技芸を奨励し、人類に奉仕するために生まれ出られたおかただ。このかたは、王座につかれた愛らしい哲学者である。自分の知識を広めるチャンス、自分の寛大さを発揮するチャンスはけっして逃さなかった。あのジョン・ミルトンの娘がまだ生きていて、

3　メアリー・ウォートレー・モンタギュー（一六八九～一七六二）。多才な文筆家として知られる。
4　キャロライン・オブ・アーンズバック（一六八三～一七三七）。イギリス国王ジョージ二世の妃となる。

とても貧しく暮らしていることを噂で知ると、すぐさま贈り物を山ほど届けさせたのは彼女である。逃げてきたル・クーレイエ神父[5]を庇護したのも彼女である。クラーク博士とライプニッツの論争[6]の仲裁を買って出たのも彼女である。

このプリンセスは、天然痘の接種、すなわち天然痘の植えつけの話を聞くと、さっそく四人の死刑囚を実験台にしてそれを施させた。これによって、彼女は死刑囚の命を二重に救ったことになる。なぜなら、死刑囚を絞首台から救い出したばかりでなく、人工的な天然痘を施すことで自然の天然痘を防いであげたからである。これをやらなければ、かれらはおそらく自然の天然痘にかかっていただろうし、もっと年をとってからの天然痘ならたぶん命を奪われていただろう。

プリンセスは、この実験で種痘の効能を確信し、自分の子どもたちに種痘をさせた。イギリスは彼女をお手本にした。このとき以来、良家の子どもたちの少なくとも一万人の命が、またほぼ同数の娘たちの美しさが、王妃とウォートレー・モンタギュー夫人のおかげで失われずにすんでいるのである。

世界では、百人の人間のうち少なくとも六十人が天然痘にかかる。この六十人のうち二十人はかわいい盛りに死んでしまい、また二十人には一生消えないあばたを残す。つまり、この病気は確実に人類の五分の一の命を奪う。あるいは顔を醜くする。トルコやイギリスでは、体が弱くて何かべつの病気で死の宣告を受けた者をのぞけば、種痘を受けた者は誰ひとり死んでいない。あばたになった者もいない。種痘が完全におこなわれたのであれば、天然痘に二度かかった者もいない。

したがって、もしフランスの大使夫人のどなたかが、この秘法をコンスタンチノープルからパリに持ち帰っていたなら、彼女はまちがいなくフランス国民に不滅の貢献をしていたはずである。いまのオーモン公の父にあたるヴィルキエ公[7]は、フランス人のなかで抜きんでて体格がよく、体も丈夫な男性だったが、そういうひとが男盛りに死ぬなどということもなかったであろう。

5 ピエール・ル・クーレイエ（一六八一〜一七七六）。フランスの神学者で、イギリス国教会の聖職叙任を認めたため、一七二八年に破門され、イギリスに逃げた。

6 往復書簡は、時間論・空間論の古典。実質的にはニュートンとライプニッツの論争。六一頁の注5参照。

7 ヴィルキエ公（一六九一〜一七二三）。三十二歳で没。

輝くほど健康だったスビーズ公[8]が、二十五歳の若さで死ぬこともなかっただろう。ルイ十五世の祖父にあたるおかた[9]が、王太子のまま五十歳で墓に入ることもなかっただろう。一七二三年にパリで流行した天然痘で死んだ二万人は、いまでも生きていられただろう。

いったいどういうことだ、これは。フランス人は少しも命が惜しくないのか。フランスは妻や娘がもとの美しさを失っても少しもかまわないのか。ほんとうに、われわれは変な国民だ。なるほど、司祭や医師が許すのであれば、おそらく十年とたたないうちに、われわれもこのイギリスのやりかたを取りいれることになるだろう。しかし、もしもイギリス人が心変わりして種痘を嫌悪するようになれば、フランス人は逆に、三ヵ月もたたないうちに、気まぐれを起こして種痘をするようになるだろう。

中国人は百年前から種痘をおこなっていることを私は知っている。中国人は世界でもっとも賢明で、もっとも開明的な民族とされているから、そこでおこなわれてきたことは好ましい前例となる。とはいえ、中国のやりかたはいままで述べたものとは異なる。中国人は切り傷などはつけない。天然痘の植えつけは、嗅ぎタバコのように、鼻からの吸引によってなされる。このやりかたのほうが、はるかに快適であるうえに、効果のほども変わらない。ゆえに、もしフランスでもこういうやりかたで種痘が実施されていたら、数千人の命が救われていたであろうと、確言できる。

8　スビーズ公（一六九七〜一七二四）。正しくは二十七歳のとき、妻とほぼ同時に天然痘で死ぬ。

9　ルイ十四世の息子のルイ・ド・フランス（一六六一〜一七一一）。グラン・ドーファン（大王太子）と呼ばれる。

第一二信　大法官ベーコン[1]について

少し前のことだが、ある有名な会の席上で、激論がかわされた。ただし、テーマはまことに陳腐でくだらない。すなわち、カエサル、アレクサンドロス、ティムール、クロムウェルなどのうち、いちばん偉大な人物は誰か、というもの。

どなたかが、いちばんはもちろんアイザック・ニュートンだ、と答えた。正解である。なぜなら、ほんとうの偉大さは、ひとが天からすばらしい才能を授かって、それを自分や他人を啓発するために役立てることにあるとするならば、ニュートン氏のような千年にひとり出るかどうかといった人物こそ、ほんとうの偉人だからである。どの世紀にもかならず出てくるような政治家とか征服者のたぐいは、たいがい、たんに名の売れた悪人にすぎない。われわれが尊敬すべきは、暴力で奴隷をつくる連中ではなく、真理の力でひとびとの心を支配するかたである。世界を壊す連中ではなく、世界をよく知るかたである。

この書簡では、イギリスが生んだ有名人についての紹介を求められているので、私はベーコン、ロック、ニュートンといったかたがたの紹介から始めることにしたい。将軍とか大臣とかの順番は、その後になる。

まず、有名なヴェルラム卿から始めなければならない。かれは、ヨーロッパではかれの家族名、ベーコンの名で知られる。ある国璽尚書《こくじしょうしょ》[2]の息子で、当人も国王ジェームズ一世のもとで長いあいだ大法官をつとめた。宮廷内でのさまざまの陰謀、そして大法官という職務は、それだけでも体ひとつでは足りないほどであったにもかかわらず、そのなかにあってさえ、かれは偉大な哲学者、すぐれた歴史家、優雅な文章家となる時間を見つけた。それも驚きだが、それ以上に驚かされることは、文章を上手に書く技術などほとんど誰ももたなかった時代、ましてやすぐれた哲学など誰も知らな

1　フランシス・ベーコン（一五六一〜一六二六）。大法官は最高裁判所長官にあたる。
2　国璽（国の印章）を保管する大臣。

かった時代、そういう時代にかれは生きていたことである。世の常ではあるが、ベーコンは生前よりも死後になって評価が高まった。ベーコンの敵はロンドンの宮廷内にいたが、崇拝者はヨーロッパのあらゆるところにいた。

フランスのエフィア侯爵が、アンリ大王の皇女マリーをイギリスにお連れしたときのこと。皇女マリーはのちにプリンス・オブ・ウェールズと結婚するのだが、それはともかく、このフランスの大臣もイギリスにいるあいだに、ベーコンに会いに行った。おりしもベーコンは病気で臥せっており、ベッドのカーテンを閉じたままで応対した。そのベーコンにむかってエフィア侯爵は言った。

「あなたはまったく天使にそっくりです。どちらも、しょっちゅう話題になります。どちらも、人間以上の存在だと思われています。そして、どちらもけっしてお目にかかれない」

さて、ベーコンがまったく哲学者らしくない罪、つまり、収賄の罪で告発された事件[3]については、あなたもあらましはご存じだ。けっきょく、かれは上院から、わが国の金額でおよそ四十万リーブルの罰金を言い渡され、さらに大法官と上院議員の地位を失った。これもご存じのとおり。

しかし今日、イギリス人はベーコンの思い出をたいせつにし、かれが罪人であったことにはけっして触れたがらない。これについて私がどう思っているかをお尋ねになるのであれば、私は噂で知ったボーリングブルック卿の一言を、自分の答えとして使いたい。ボーリングブルック卿は、ひとびとが故マールバラ公爵[4]はひどく強欲だったと悪口を言いあう場にいあわせた。ひとびとはかずかずの実例をあげ、ボーリングブルック卿にも証言を求めた。卿は、この公爵に公然と敵対する側にいたので、これを好機に公爵の正体を言いたてることもできた。しかし、ボーリングブルック卿の答えはこうであった。「あまりにも偉大なかたなので、欠点など忘れてしまいました」

そこで私も、大法官ベーコンがヨーロッパ中から尊敬されるに値した点についてのみ、お話しするにとどめたい。

かれの著作のうち、もっとも独自で、そしてもっとも良いものは、今日ではまった

3　一六二一年、訴訟関係者からわいろをもらったことで告発された。ベーコンはその事実を認めた。
4　マールバラ公爵は、イギリスの軍人ジョン・チャーチル（一六五〇〜一七二二）。かずかずの功績によって爵位についた。

く読まれず、そしてまったく役に立たないものである。すなわち『ノウム・オルガヌム』[5]がそれ。この書物は、新しい哲学を構築する足場となったものであり、いったん建物が部分的にでもできあがると、足場はもはや何の用もなくなった。

大法官ベーコンは、まだ自然そのものはよく知らなかったが、そこに通じる道はすべて知っており、その道を教えたのである。かれは、大学で哲学と呼ばれていたものも、早くから軽蔑していた。そして、人間の理性を完成させるために設けられたこれらの団体が、もうこれ以上「通性原理」だの「真空嫌悪」だの「実体的形相[6]」といった偉そうなことばを使って、理性をダメにするのを続けさせないために、ベーコンは力のかぎりをつくしたのである。ああいうことばは、無知な人間にありがたがられたばかりでなく、ばかばかしいことに宗教と混じりあって、ほとんど神聖化してしまっていた。

ベーコンは経験主義哲学の父である。じっさいには、かれ以前にすでにかずかずの驚くべき秘密が発見されていた。羅針盤や、印刷術、銅版画製法、油絵、鏡はすでに発明されていた。丸めがねと呼ばれる眼鏡で老人の視力をいくぶん回復させる技術もそうだし、大砲の火薬などもそうである。新世界が探し求められ、発見され、そして征服された。ふつうに考えるならば、こういったすばらしい発見は、きわめて偉大な哲学者たちによってなしとげられたものであり、今日よりもはるかに開《ひら》けていた時代の産物だと思われるのではなかろうか。だが、その考えは大まちがい。地上でこういう大変化がなされたのは、じつはもっとも愚かで、もっとも野蛮な時代であった。こうした発明のほとんどすべてが偶然のみの産物であった。アメリカ大陸の発見でさえほとんどは偶然と呼ばれるもののおかげであったというのが正しかろう。少なくとも、これはずっと前からの常識だが、クリストファ・コロンブスが航海に乗り出したのは、ある船の船長が、嵐にあってカリブ群島のあたりまで押し流されたというのを信用したからにすぎない。

それはともあれ、人間は世界のはてまで行けるようになった。ほんものの雷よりも恐ろしい人工の雷で、都市を破壊できるようになった。しかし、人間は血液の循環とか空気の重さ、運動の法則、光、惑星の数などについての知識はもたなかった。そし

5　一六二〇年刊。書名は『新しい科学方法論』の意だが、わが国では長らく「ノヴム・オルガヌム」と呼ばれ、『新機関』と訳されてきた。

6　いずれもスコラ哲学の用語。

て、アリストテレスのカテゴリー論とか、「事物の側の《ア・パルテ・レイ》」[7]普遍を説く理論その他、バカげた理論をしゃべることのできる者が、大した天才だと見なされた。

もっとも目覚ましく、もっとも有益な発明は、人間の精神にとってもっとも誉れ高い発明ではない。

われわれにとってありがたい技術はすべて、おおかたの人間に自然にそなわるものづくりの本能のおかげであって、けっして健全な哲学のおかげではない。

火の発見、パンづくりの技術、金属を溶かし調合する技術、家屋の建築術、織機の発明は、印刷術や羅針盤とはまったくべつの意味で、必要不可欠のものである。しかしながら、これらの技術を発明したのは、まだまったく未開の状態にあった人間たちであった。

そののち、ギリシア人やローマ人はじつにみごとに機械を使いこなしてきたのではないのか。ところが、当時のひとびとは、天空は水晶でできているとか、星は小さなランプでときどき海に落ちるとか信じていた。また、当時の偉大な哲学者のひとり[8]は、ひたすら研究をかさねて、天体は地球から分離した石のかたまりであることを発見した。

要するに、大法官ベーコン以前には経験主義哲学を理解する者はひとりもいなかった。そして、ベーコン以後におこなわれたすべての物理学実験のうち、かれの著作で語られていないものはほとんどひとつもない。かれが自分自身でおこなった実験もいくつかある。たとえば、数種類の空気ポンプをつくり、それによって空気の弾性を発見した。かれは空気の重さを発見するためにあらゆる角度からアプローチし、真理の近くにまで迫った。真理をつかまえたのは、トリチェリ[9]である。それからほどなくして、実験物理学がとつぜんヨーロッパのほぼ全域でいっせいに研究されるようになった。まさにベーコンが予想していたとおり、実験物理学は隠れた宝箱であった。哲学者たちは、ベーコンのことばに励まされ、こぞってその発掘に精を出した。

しかし、私にとっていちばんの驚きは、ニュートン氏が発見者とされている引力の最新理論が、すでにかれの本のなかで明瞭に書かれていたことである。

7　普遍をめぐる論争で、これもアリストテレスのカテゴリー論にかかわる。
8　古代ギリシアの自然哲学者、アナクサゴラスをさす。
9　トリチェリ（一六〇八〜四七）。イタリアの物理学者。

ベーコンはこう書いている。

「地球と重さのある物体とのあいだに、月と大洋のあいだに、惑星どうしのあいだに作用する一種の磁力のようなものがないかどうか、探求しなければならない……」[10]

また、べつの箇所でこう書いている。

「重さのある物体は地球の中心へと向かっていくものなのか、それとも、重さのある物体と地球はたがいに引きつけあうものなのか、どちらかでなければならない。後のばあいであれば、物体が落下して地球に近づけば近づくほど両者はますます強く引きつけあうことになるのは明白である」

かれはつづけてこう述べる。

「同一の振り子時計が、山の頂上と鉱山の底とで、進み方はどちらのほうが早いか、実験してみなければならない。もし振り子の力が山頂では弱まり、鉱山の底では強まるのであれば、地球はほんとうの引力をもつということになりそうだ」[11]

この哲学の先駆者はまたエレガントな文章家であり、歴史家であり、才人でもあった。かれの『道徳についての随筆集』はきわめて高く評価されている。しかし、これはひとびとを楽しませるというより、ひとびとを教化するために書かれたものである。ラ・ロシュフコー氏の『箴言集』のように人間の本性を風刺したものでもなければ、モンテーニュの『エセー』のような懐疑主義の学校でもないので、読み物としてすぐれたこの二冊にくらべると、あまり読まれていない。

かれの『ヘンリー七世治世の歴史』は傑作とされてきた。しかし、かりそめにもわが国の著名なド・トゥー[12]の歴史書と同列に置いたら、私はたいへんなまちがいを犯したことになるだろう。

たとえば、あの名高い詐欺師パーキン[13]についての語り口だ。パーキンは生まれはユダヤ人でありながら、大胆にもイギリス国王リチャード四世を名乗った。かれはブルゴーニュ公妃の支持をえて、ヘンリー七世と王位を争った。このパーキンについて大法官ベーコンはつぎのようなことばで語っている。

10　『ノウム・オルガヌム』第二巻第四五項。
11　同、第二巻第三六項。
12　ド・トゥー（一五五三～一六一七）。フランスの歴史家。
13　パーキン・ウォーベック。十五世紀末に登場した偽の王。

「このころ、国王ヘンリーは悪霊たちに取りつかれていた。それはブルゴーニュ公妃の魔術のせいである。ブルゴーニュ公妃は国王ヘンリーを責めさいなむため、地獄からエドワード四世の亡霊を呼び出した。
ブルゴーニュ公妃はパーキンズ[14]に技を仕込んだあと、この彗星を天空のどのあたりから出現させたらいいものか、思案し始めた。そして、この彗星はまず最初にアイルランドの水平線上で輝かせることにしようと決めた」

私が思うに、わが国の賢明なド・トゥーはこんな大仰なことばづかいはしない。こんなことばづかいは、かつてなら荘厳なものとされたけれども、現代では当然のことながら無意味なものとされている。

14　このパーキンズは、パーキンの誤記。

第一三信　ロック氏について

いまだかつてロック氏以上に賢明で理路整然とした思想家、厳密な理論家はおそらく存在しなかった。しかしながら、かれは数学はたいして得意ではなかった。計算のめんどうくささや、まず精神を刺激するようなものをまったくもたない数学的真理の味気なさにがまんできなかった。そして、ひとは幾何学の助けがなくても幾何学の精神をもつことができることを、かれ以上にみごとに証明した者はいない。

かれ以前には、かずかずの大哲学者が人間の霊魂とは何であるかを、勝手に決めつけていた。しかし、そのじつ、かれらは霊魂についてまったく何も知らなかったので、かれらがみんなべつべつの意見であったのは当然である。

学術と誤謬の生誕地ギリシア、人間精神の偉大さと愚かしさを極限にまで到達させたギリシアにおいて、ひとびとは霊魂について、われわれと同じように理性的に思考した。

神のごときアナクサゴラスは[1]、太陽はペロポネソス半島よりも大きいとか、雪は黒いとか、天空は石でつくられていると、ひとびとに教えたことによって祭壇にまつられるまでになったが、そのかれは霊魂について、こう断じている。すなわち、霊魂は空気のようなものだが、しかし不滅の精霊である。

ディオゲネス[2]、といってもあの贋金づくりをしたあとキュニコス派となったディオゲネスとは別人であるが、かれは人間の霊魂は神の本体そのものの一部分であると断言した。そして、この考えには少なくともきらめきがある。

エピクロスは、霊魂も肉体と同様に複数のパーツでできているとした。アリストテレスは、わけのわからないひとなのでこれまで千とおりに解釈されてきたが、とりあえずかれの弟子の数名のいうことを信じるならば、かれは、人間全体の悟性は唯一で

1　アナクサゴラスは紀元前五世紀の自然哲学者。
2　ディオゲネスは自然哲学者。第六信にでてきた同名のディオゲネスは、キュニコス派の倫理哲学者。

同一の実体であると考えていた。

アリストテレスの師プラトンと、そのプラトンの師ソクラテス、いずれも神のごときこのふたりが言うに、霊魂は肉体をそなえ、かつ永遠不滅である。ソクラテスのダイモン[3]が、おそらくかれに霊魂の正体を教えたのであろう。なるほど、自分には守護霊がいると自慢するような人間はぜったいに狂っているか、もしくは詐欺師にちがいないと言い張るひとびとがいる。しかし、こういうひとびとはまともなことでもなかなか信じようとしないひとびとなのである。

われわれの教会の教父たちはどうかというと、初期の数世紀には、人間の霊魂にも天使にも神にも肉体はそなわると考える者が少なからずいた。

世界はたえず洗練されていく。マビヨン師[4]によれば、聖ベルナルドゥス[5]は霊魂についてこう説いた。すなわち、死後、霊魂は天国で神に会うことはないが、人間の姿をしたイエス・キリストと会話することだけはできる、と。こんどはもう、こんなことばを信じる者はいなかった。十字軍の冒険が彼のご託宣の信用度をいささか失墜させていたからだ。

つづいて、ぞろぞろとたくさんのスコラ学者があらわれた。いわゆる不可抗博士[6]、精妙博士[7]、天使的博士[8]、熾天使的博士[9]、智天使的博士[10]、かれらはそろって自分は霊魂について明瞭に知っていると確信していたが、しかし、それを論じるにあたっては、かれらはまるで誰にもそれを理解してほしくないかのようであった。

わが国のデカルトは、古代の誤りを明るみに出すために登場したが、しかし、ただ自分の誤りを古代の誤りに置き換えただけであった。かれは、どんな偉大な人間をも視野狭窄《きょうさく》にするあの体系的な精神に導かれていった。かれによれば、物質は広がり

3　ダイモンとは、守護霊。ソクラテスは内奥で神の声のようなものを聞いたという。
4　ジャン・マビヨン（一六三二～一七〇七）。フランスの古文書学者。
5　クレルヴォーのベルナルドゥスと呼ばれる神学者（一〇九〇～一一五三）。第二回十字軍の実現に功績。
6　アレクサンデル・ハレンシス（?～一二四五）。博識で知られる。
7　ドゥンス・スコトゥス（一二六六～一三〇八）。緻密な思弁で知られる。
8　トマス・アクィナス（一二二五～七四）。
9　ボナヴェントゥラ（一二二一～七四）。
10　智天使的博士（ドクトリス・ケルビキ）なるものは実在しない。この名称は、ラブレーが『パンタグリュエル物語　第二之書』第七章で創作したもの（渡辺一夫訳では「濡鼻天使博士」）。

と同じものであり、同様に、霊魂は思考と同じものであると言って、それで証明ができたと思いこんだ。そして、かれはこう断言した。すなわち、ひとはつねに思考する。霊魂はあらかじめあらゆる形而上学的観念をそなえて肉体に宿る。つまり、すでにあらゆる抽象的な理念とともに、神や空間や無限を知っている。要するに、霊魂は美しい知識で満たされているのに、不幸にも、母親の胎内から出るとすっかり忘れてしまうのだ、という。

オラトリオ修道会のマルブランシュ氏は、崇高な幻想にひたり、生得観念を認めたばかりでなく、われわれはすべてを神のうちに見、そして神はいわばわれわれの霊魂であると信じて疑わなかった。

このように、じつに多くの理屈屋によって霊魂の物語《ロマン》がつくられたが、そのあと、ひとりの賢人があらわれて、霊魂の歴史をひかえめに書きあげた。ロックは、すぐれた解剖学者が人間の身体の動く仕組みを説明してみせるように、人間の理性の働きを人間に解き明かした。かれはあらゆるところに自然学の光をあてる。ときおり、あえて断定的に語るが、ときにはあえて疑う。われわれの知らないことにいきなり定義をさずけるのではなく、われわれが知りたいことを少しずつ段階をふんで検討していく。赤ちゃんとして生まれた瞬間に子どもをとりあげ、それから子どもの理解力の成長を一歩一歩追跡していく。人間が動物と共通している点と動物よりすぐれている点を観察する。そして、かれは何よりも自分自身を証人として参考にする。自分が思考するという意識的な存在であることを参考にする。

かれはこう述べている。

「われわれの魂は、われわれの肉体ができあがるよりも前から存在しているのか、それともあとから存在するのか、そういった議論は私よりも知識のあるかたがたにおまかせする。白状しておくが、私にも魂はそなわるけれども、この魂はつねにものごとを考えているわけではない粗悪な部類の魂である。また、そもそも、魂でものごとをつねに考えることが、体を自由に動かせることよりも必要なことだとは、あいにくながら、私には思われないのである」[11]

私も、この点にかんしてはロックと同じくらい愚かであることを誇りに思う。自分

11　ロック『人間知性論』第二巻第一章第一〇節。

はつねにものごとを考えている人間だと、自分に信じこませることは誰にもできない。自分は、母の胎内に宿って数週間のころは、とてつもなく知的な魂であり、無数のことを知っていたのに、生まれ出た瞬間に忘れてしまったのだとか、子宮のなかにいたときは、まったく役に立たない知識をたくさんもっていたのに、いざ、その知識が必要になったとたんに失念し、それ以後はどうがんばっても思い出すことができなくなるとか、そんなふうには考える気になれない点で私もロックと同じである。

ロックは生得観念を徹底的に否定した。人間はつねに思考する存在だとするうぬぼれを放棄した。そしてそのあと、ロックは、われわれの観念はすべて感覚に由来することを明らかにした。われわれの単純な観念や複合的な観念を検討し、人間の精神をすべてそれが作動する場面において追跡した。人間の話すことばがどれほど不完全なものであるか、人間がどんなにしょっちゅうことばを誤用しているかを、教えてくれた。

そして、ロックはかれの書の最終巻で、人間の知識のおよぶ範囲について、というより人間の知識の無さについて考察するにいたる。その一章において、かれはひかえめにではあるが、あえてこう述べる。

「純粋に物質的な存在が思考をするものなのか否《いな》か、われわれはおそらくけっしてその答えを知ることができないであろう」[12]

このおとなしい主張を、霊魂は物質的で死すべきものだと唱える破廉恥な宣言と受けとめた神学者もひとりならずいた。

自分の信心深さを誇る数人のイギリス人が警鐘を鳴らした。社会のなかにいる迷信家は、軍隊のなかにいる臆病者と同じである。すなわち、すぐにパニックを起こし、恐怖心をまわりに広める。

ひとびとは、ロックは宗教をひっくりかえそうとしている、と騒ぎたてた。しかし、この問題では宗教はまったく何の関係もなかった。それは信仰とか啓示とはいっさい無関係の、純粋に哲学的な問題であった。この問題においてなすべきことは、「物質も思考することがありうる」ということに矛盾があるのかどうか、また、神は物質に考えを伝えることができるかどうか、それをただおだやかに吟味することだけであった。

12　ロック『人間知性論』第四巻第三章第六節。

ところが、神学者たちはこういうときにかならずといってよいほど、自分たちと意見が同じでないのは神にそむくことだと言いだす。これは、フランスのへぼな詩人たちがデプレオー[13]からバカにされたとき、かれらがデプレオーは国王の悪口を言ったと騒ぎたてたのによく似ている。

スティリングフリート博士[14]は、あからさまにロックの悪口を言ったりしなかったので、温厚な神学者との評判をえたひとだ。かれはロックと論戦を交えたが、敗れた。というのも、かれは学識豊かな博士として論を立てたのにたいして、ロックは人間の精神の強さにも弱さにもつうじた哲学者として論を立てたからである。ロックは焼きの入れ加減を心得た武器で戦ったからである。

もし私が、ロックのうしろにくっついて、きわめてデリケートなテーマについてあえて発言をするとしたら、こんなふうに言うだろう。すなわち、霊魂の本質について、また霊魂の不滅について、ひとびとは長いあいだ議論をしてきた。霊魂の不滅については、その証明は不可能である。なぜなら、霊魂の本質についての議論はいまだにつづいており、それが不滅であるか否かを定めるためには、神による被造物というものを根本的に知っていることが絶対に必要だからだ。人間の理性は自力で霊魂の不滅を証明するには力が足りなかったので、霊魂の不滅はしかたなく宗教がわれわれに啓示することになった。まさに万人にとっての共通の善が、われわれに霊魂の不滅を信じることを求めるのである。信仰がわれわれにそれを命ずるのである。話はそれにつきる。ことはそれで決着がついた。しかし、霊魂の本質については同じようにはいかない。宗教にとっては、霊魂は高潔でありさえすればよく、それがどういうものでできているかは重要ではない。霊魂は、われわれに渡されて手入れをゆだねられた時計のようなものである。しかし、われわれはその作り手から、この時計がどういうバネ仕掛けでつくられているのかは、教えてもらえなかった。

私は物体である。また、私は思考もする。私はそれ以上のことを知らない。かりに二次的なものであれ、私の知っている唯一の原因によって、ことがらがきわめて容易に説明できるとき、それでも私は未知の原因を探しに行くのだろうか。私がこんなふ

13　ニコラ・ボワロー＝デプレオー（一六三六〜一七一一）。フランスの詩人。ボワローと呼ばれることのほうが多い。

14　エドワード・スティリングフリート（一六三五〜九九）。ウスターの主教。

うに言いかけると、スコラ派の哲学者たちはそろって私にこう反論する。「物体のなかにあるのは広がりと固さだけであり、そして、物体にできることは動くことと形をもつことだけである。ところで、動くことと形をもつこと、広がりと固さ、これらは思考を形成しうるものではない。したがって、霊魂は物質ではありえない」と言うのだ。このご立派な三段論法は、これまでに何度もくりかえされたものだが、けっきょくは単につぎのことを語っているにすぎない。「私は物質のことは何もわからない。ただ、そのいくつかの特性を不完全に推測するだけだ。ところで私は、そのいくつかの特性が思考に結びつきうるものなのかどうかについて、まったく何の知識もない。したがって、私はまったく無知であるからこそ、力をこめて、物質は思考することができないと断言するのである」

これが純粋にスコラ学派の論法である。こんな先生がたにむかって、ロックならば、率直にこう言ったであろう。「あなたがたも私と同じくらい無知なのだと、せめてそれだけは白状なさい。あなたがたの想像力でも、私の想像力でも、どうやって物体が観念をもつにいたるのか、理解することはできない。ところが、あなたがたは、とにかく物体でなく実体ということばを使えば、それがどうやって観念をもつにいたるかは、もっとたやすく理解できるというのか。あなたがたは物質も精神も理解できないのだ。なのに、どうしてあなたがたは、何かしらをあえて断定しようとするのか」

ここで、自分の出番だとばかりに、迷信家が登場する。そして、思考は肉体という支えがあるだけで可能だと思うようなやからは、そいつらの霊魂のために火あぶりにしてやらねばならない、と言う。しかし、そんなことを言う連中こそ無信仰の罪でとがめられるのだとしたら、いったいかれらは何と答えるだろうか。じっさい、創造主には物質に思考や感情をさずける能力がないなどと断言して、それを不敬虔な妄言だとは思わないような人間は、いったいどういう人間なのだろうか。こんなふうに創造主の能力には限界があるとするあなたがたは、そうすることによってどれほど困ったところに追いこまれてしまうか、そのあたりをごらんになっていただきたい。

動物もわれわれ人間と同じく、器官をもち、感情をもち、知覚をもっている。動物にも記憶があり、動物もいくつかの観念を複合させている。もしも神が物質に活力と感情をさずけることができなかったのであれば、その結果はつぎの二つのうちのいずれかでなければならない。すなわち、動物はたんなる機械にすぎないか、もしくは動物にも霊的な魂がそなわるか、そのどちらかである。

動物がたんなる機械であるはずがない。それは私にはほとんど証明済みのことのように思われる。私はそれをこう証明する。まず、神は動物に人間とまさしく同一の感覚器官をつくった。もしも動物がまったく何も感じないとしたら、神は役に立たないものをつくったことになる。ところで、あなたがた自身が証言するように、神は何ひとつムダなものをつくらない。したがって、神があれほどたくさんの感覚器官をつくっておいて、その器官が動物にまったく何も感じさせないということはありえない。ゆえに、動物はけっしてたんなる機械ではない。

あなたがたの説によれば、動物が霊的な魂をもつことはありえない。とすると、あなたがたは不本意にも、こう言わざるをえなくなる。すなわち、たんなる物質にすぎない動物の身体器官に、神は、ものを感じ知覚する能力をさずけた。あなたがたが動物の本能と呼ぶものがそれだ。

えーっ、だとすれば、われわれが人間の理性と呼ぶもの、すなわち、ものを感じ知覚し、そして思考する能力を、神が、動物の身体器官よりももっと繊細な人間の身体器官にさずけたことを、いったい誰が否定できよう。あなたがたは、どちらの側を向こうと、自分たちの無知と創造主の広大無辺の力を認めざるをえない。したがって、あなたがたはロックの賢明で、しかも慎ましい哲学に、もう逆らってはいけない。その哲学は宗教に反するどころか、もしも宗教が求めるのであれば、宗教のための論拠として役立つであろう。なぜなら、その哲学は自分が明瞭に理解できることのみを肯定し、そして、自分に弱点があることを正直に認めることができ、われわれが第一原因[15]を検討するさいにはまず神に頼らねばならないと言う。こういう哲学以上に宗教的な哲学があるだろうか。

そもそも、どんな哲学の見解であれ、それが一国の宗教に害をあたえるかもしれないと心配する必要はまったくない。われわれの信仰の奥義がどれほど学問的な証明に反しようとも、キリスト教を信じる哲学者たちはやはりそれを尊いものとして敬う。哲学者は、理性の対象と信仰の対象はそれぞれ性質を異にすることをわきまえている

15　事物の存在・生成・運動の最初の原因をさす。第一原理とも訳される。

のだ。哲学者たちはけっして宗教の一派《セクト》をつくったりしない。なぜか。それは、哲学者はけっして民衆のために本を書くわけでなく、また、哲学者は熱狂[16]と無縁のひとびとだからである。

人類を二十の部分に分けてみなさい。二十のうち十九は、自分の手で労働するひとびとで構成され、かれらは、この世にロックなどというひとがいるかどうかなど、けっして知るまい。残りの二十分の一のうちでも、本を読む人間など、ごくわずかしか見つかるまい。そして、本を読む人間でも、その内訳は、小説《ロマン》を読む人間二十人にたいして、哲学を研究する人間はひとりという割合だ。ものを考える人間の数はきわめて少ないし、また、こうしたひとびとは世間を騒がそうとは思いもしない。

自分の国に不和の火種をもちこんだのは、けっしてモンテーニュとか、ロック、ベール、スピノザ、ホッブズ、シャフツベリ卿[17]、コリンズ氏[18]、トーランド氏[19]といった哲学者たちではない。火種をもちこんだのは、たいていのばあい、神学者たちである。かれらが最初にいだいた野心は、宗派の指導者になることであったが、やがてそれは、党派の指導者になることに変わったのである。とにかく、すごかった。かつて修道士の制服の袖や頭巾の形をめぐって、フランシスコ修道会が起こした論争[20]だけでも、世の中を大騒ぎにしたその力のすごさには、現代の哲学者たちの著作を全部あわせても、とてもかなうまい。

16 ロックは『人間知性論』第四巻第一九章において、熱狂 enthusiasm ということばを狂信の意で用いている（じっさい、大槻春彦訳ではすべて「狂信」と訳されている）。

17 第三代シャフツベリ伯（一六七一〜一七一三）。主著『人間・習俗・意見・時代の諸特徴』（一七一一年）。

18 アンソニー・コリンズ（一六七六〜一七二九）。主著『自由思想について』（一七一三年）。

19 ジョン・トーランド（一六七〇〜一七二二）。理神論者。主著『非神秘的なキリスト教』（一六九六年）。

20 十四世紀に起こった、いわゆる清貧論争をさす。

第一四信　デカルトとニュートンについて

フランス人は、ロンドンに来るとあらゆる点で様子のちがいを感じる。哲学的にも、ちがいがあることに気づく。それまでかれがいた世界は満たされていたが、いまかれがいる世界は真空だ。パリでは微細な物質の渦でできている宇宙[1]が見えるが、ロンドンではそんなものはぜんぜん見えない。フランスでは、月の押す力が満潮をひきおこすが、イギリスでは、海のほうが月に引きつけられる。というわけで、あなたが、月のせいで満潮になると思うそのとき、この国のかたがたは、月のせいで干潮になると思うのである。あいにくながら、どちらが正しいのかは定めがたい。なぜなら、それを明らかにするには、月と潮のぐあいを、天地創造の最初の瞬間において調べておかねばならなかったからである。

さらに、あなたも気づくはずだが、潮の満ち干にかんしてフランスでは、太陽の影響はゼロとされるのに、この国では、太陽の影響がおよそ四分の一とされる。フランスのデカルト派によれば、すべてはわれわれの理解しえない撃力《インパルス》によってなされる。一方、ニュートン氏によれば、すべては、これもやはり原因不明のものであるが、引力によってなされる。パリでは、地球はメロンのような形でイメージされるが、ロンドンでは、地球は両極が平らである。光は、デカルト派の見るところ、空気中に存在するものであるが、ニュートン派の見るところ、光は太陽から六分半かけて到来するものである。フランスでは、化学の作用はすべて酸とアルカリと微細な物質によってなされるが、イギリスでは、引力の支配が化学にまでおよぶ。

　ものごとの本質そのものが、すっかり変わってしまった。あなたがたは、霊魂の定義についても、物質の定義についても意見は一致しない。デカルトは、霊魂は思考と同一のものだと断言するが、ロックはまったく正反対のことを証明してみせる。

　デカルトはまた、物質の本質をなすのは空間的な広がりだけだと言うのにたいし、ニュートンは固さも物質の本質として加える。このように、かずかずのたいへんな対

1　いわゆる渦動説。デカルトは真空を嫌い、宇宙はエーテルで満たされているとする。

立がそこにはあるのである。

「これほどの勝負に判定を下すことは、とてもできない」[2]

この有名なニュートンは、デカルトの哲学体系を破壊して、去る一七二七年の三月に亡くなった。生前も同国人から尊敬されていたかれの埋葬は、臣民に恩恵を施してきた国王の葬儀さながらであった。

こちらの国のひとびとは、フォントネル氏[3]が［パリの］科学アカデミーでおこなったニュートン氏にたいする追悼演説をむさぼるように読み、英語に翻訳した。ひとびとが期待していたのは、フォントネル氏がその演説においてイギリス哲学のほうが優れていることを認め、それを公式に宣言してくれることだった。ところが、氏はデカルトをニュートンと同列に見ている。ロンドン王立協会はいっせいに決起した。かれらは氏の判定を受けいれないどころか、氏の論じ方を批判した。そのうちの数人にいたっては（ただし、かれらはけっして一流の哲学者ではないが）、デカルトがフランス人であるというだけの理由で、ニュートンとデカルトが並べられたことそのものにショックを受けていた。

このふたりの偉人は、品行の面でも、人生の浮き沈みにおいても、そして哲学においても、それぞれに大きなちがいがあった。そのことは言っておく必要がある。

デカルトは、生まれつき、きらめくような豊かな想像力をそなえていた。そのせいで、かれは私生活においても、また推論のしかたにおいても、一風変わった人間になる。この想像力は、かれの哲学的な著作のなかでさえ、隠せず、著作のいたるところで、きらりと光る巧みな比喩があらわれる。その本性によって、かれはほとんど詩人に近くなる。いや、じっさい、かれはスウェーデンの女王のために一編の詩劇をつくっているのだが、のちのひとびとはかれの名誉のために、それを印刷しなかった。かれは一時期、軍人になってみたりもした。また、のちにすっかり哲学者になってからも、色恋ざたを自分にふさわしくないものとは思わなかった。愛人とのあいだに娘をもうけ、フランシーヌと名づけたが、その子は幼くして死ぬ。かれは娘を失った

2　ウェルギリウス『牧歌』、第三歌第一〇八行。

3　ベルナール・フォントネル（一六五七〜一七五七）。フランスの著述家。アカデミー・フランセーズの会員。

ことを痛切に悲しんだ。このように、デカルトは人生にまつわるあらゆることがらを、わが身で体験した。

かれは、自由に哲学するためには、ひとびとから逃れること、とりわけ自分の国から逃れることが必要だと、ずっとそう思ってきた。かれがそう思うのは無理もなかった。その時代のひとびとはものを知らなすぎて、かれを啓発することなどできず、むしろかれを害することぐらいしかできなかったからである。

かれは真理を探求するために、フランスを去った。当時、フランスではスコラ学派の粗悪な哲学によって真理が迫害されていたのである。しかし、デカルトが引きこもりの場所としたオランダのどの大学でも、納得できるものは見出せなかった。フランスでは、かれの哲学に含まれる正しい命題のみがまちがいとして禁止されていた時代であったが、オランダで哲学者を名乗る連中も、やはりデカルトを迫害したのである。連中は、デカルトをよりよく理解することもできず、むしろより近くからデカルトのかがやきを目にして、ますますそんなかがやきを放つ人間を憎むようになった。かれはやむなくユトレヒトを去る。無神論という非難は、ひとを中傷する連中の最後の手だが、デカルトはまさにそういう告発をここで受けた。かれは神の存在の証拠をあらたに求めて、才知のかぎりをつくしたのに、逆に、神の存在をまったく認めない者との疑いをかけられてしまった。

しかし、たいへんな迫害を受けたことから、そのひとの功績の大きさと、そのひとの評判の輝かしさがおのずと推測される。じっさい、デカルトには功績もあり、高い評判もあった。世の中はスコラ学派の暗闇と民衆の迷信に包まれていたが、理性がそのすきまから少しもれてきた。ついにはデカルトの名前が騒がしく語られるようになるにおよんで、けっこうなお金を払ってでも、かれをフランスに呼びもどしたいという声が高まる。かれは、一千エキュの年金で誘われ、その年金をあてにして帰国する。当時売買されていた特許状の費用も支払った。しかし、年金はもらえなかった。かれは北オランダにもどり、そこでふたたび孤独に哲学することにした。同じころ、あの偉大なガリレイは八十歳の高齢でありながら、地球が動くことを証明したために宗教裁判所の獄舎でうめいていた。

けっきょく、デカルトはストックホルムで、いささか早すぎる死に見舞われ、この世を去る。その死は不節制によるものであった。かれの死の床を囲んだのはかれの敵である数人の学者たちであり、かれの臨終の脈を取ったのはかれを憎悪するひとりの医者であった。

サー・ニュートンの生涯は、これとまったく異なる。ニュートンは八十五歳まで、自分の祖国でずっと栄光に包まれ、穏やかに、そして幸せにすごした。かれにとってたいへん幸運だったのは、自由の国で生まれたことと、スコラ哲学のくだらなさが一掃され、ただ理性のみが大事にされた時代に生まれたことである。そして、世間のひとびとは残らずみんな、かれの生徒であり、かれの敵はひとりもいなかった。

ニュートンは、デカルトにたいして、妙な点でも大きなちがいがある。それは長い一生のうちで、ニュートンは女性への情熱ももたず、女性に弱いということもなかった点である。かれはどんな女性にもけっして近づかなかった。ニュートンの死を看取った医者と外科医が、じっさいに私に、これは本当の話だと教えてくれたことである。このことでニュートンを称賛するのはよいが、デカルトを非難してはならない。

このふたりの哲学者にかんして、イギリスで世間に流布している見解によれば、デカルトはたんなる夢想家、ニュートンは賢者である。

ロンドンでは、デカルトを読むひとはほとんどいない。デカルトの本は、じっさい読んでも役に立たなくなったからだ。また、ニュートンを読むひともほとんどいない。それは、読むほうにもよほど学問がなければ、ニュートンは読んでも理解できないからである。しかしながら、イギリスでは誰もがふたりを話題にする。そして、このフランス代表の学者は何についてもダメと言われ、イギリス代表は何についても良しとされる。イギリス人のあいだには、こんなふうに信じこんでいる者さえいる。すなわち、ひとびとがもはや真空嫌悪説[4]を保たず、空気には重さがあることを知り、望遠鏡を用いるようになったのは、すべてニュートンのおかげだというのである。この国では、ニュートンはギリシア神話の英雄ヘラクレスにも似たあつかいを受ける。つまり、無知な民衆が、ほかの英雄たちの手柄まで、全部かれの手柄にしてしまっている。

フォントネル氏によるニュートン追悼の演説はロンドンでは批判された。その批判のひとつでは、デカルトはけっして偉大な幾何学者ではないとまで言われる。そんな

4　真空は存在しないとする説。

ことを主張するのは、自分の育ての親を打つようなものだと非難されてよい。デカルトは幾何学にかんして、かれが最初に見つけた地点から、かれがそれをさらに推し進めた地点まで、じつに大きな進歩をなしとげた。ニュートンはかれのあとで、それと同じくらいの進歩をなしとげた。デカルトは曲線を代数の方程式であらわすやり方を見つけた最初の人物である。代数幾何学は、デカルトのおかげで今日では常識のようになっているが、かれの時代においてはあまりにも深遠すぎて、どこのどんな先生がたもあえてその解説をしようとはしなかった。当時それを理解できたのは、オランダのスホーテン[5]と、フランスのフェルマー[6]くらいである。

デカルトは、こうした幾何学と発明の精神を屈折光学にもちこんだ。かれの手にかかると屈折光学はまったくあたらしい技術となった。そして、たとえかれがこの分野で何かしらのまちがいを犯したとしても、それは、新天地を発見した人間がその土地のすべての特性をたちまち把握することは不可能だからである。かれのあとからやってきて、その土地を豊かにする者たちは、すくなくともその土地の発見については、かれに恩義がある。ただし、私は、デカルトのほかのすべての著作にたくさんまちがいがあることも否定しない。

幾何学は、デカルトがいわば自分でしたてた自分のガイド役で、デカルトはそれに導かれて自分のめざす自然学へ確実に到達するはずであった。ところが、かれは最後にはそのガイド役を捨て、体系の精神に身をゆだねてしまった。そうなると、かれの哲学はもはやたんに、巧妙にしたてられた小説にすぎない。それをもっともらしく思うのは、せいぜいのところ無知な連中のみである。

かれは霊魂の本性についてまちがったし、神の存在の証明でも、物質についても、運動の法則でも、光の性質でもまちがった。かれは生得観念を認めた。いくつかの元素をあらたに発明した。ひとつの世界を創造した。自分の流儀で人間をこしらえた。だから、じっさい、デカルトのいう人間はデカルトにとってのみの人間にすぎず、ほんとうの人間からは遠く隔たる、との声は正しい。

かれは形而上学の面でのあやまりを重ね、ついには、二＋二が四となるのは神がそうなるようお望みになったからにすぎない、とまで言うようになった。しかし、われ

5　フランス・ファン・スホーテン（一六一五〜六〇）。オランダの数学者。
6　ピエール・ド・フェルマー（一六〇七〜六五）。数論の父と呼ばれる。

われが、デカルトはそうしたかずかずのあやまりにおいてさえ偉大であったと評価しても、それはけっしてほめすぎではない。たしかに、かれはまちがった。しかし、少なくともかれには方法論があり、首尾一貫した精神があった。かれは、二千年のあいだ青年の心をとらえてきた不条理な妄想をうちこわした。かれは同時代のひとびとに、ただしく理性を働かせることを教え、そして、その武器をデカルト自身にたいする批判にも用いてよいことを教えた。デカルトは正貨で支払いをしたわけではないにせよ、悪貨のはびこりを非難しただけでも大したものであった。

　正直な話、デカルトの哲学が何らかの点でニュートンの哲学と同列にならべられると、私は思わない。デカルトの哲学は試作だが、ニュートンの哲学は傑作だからだ。しかしながら、われわれを真理の道に立たせてくれたひとは、その後その道の終点にまで達したひとと、おそらく同等の価値がある。

　デカルトは、目の見えない者に視力をあたえた。だから、目の見えない者にも、古代のあやまりと現代のあやまりが、どちらも見えるようになった。かれが切り開いた道は、その後、まったくの大通りとなった。ロオー[7]［デカルトの弟子］の小さな本がしばらくのあいだは自然学の全体をあらわすものとされたが、今日では、ヨーロッパ中のアカデミーの紀要をすべて集めても、それは自然学の体系のほんの入口にさえならない。この自然学の深淵に入っていくと、それは底なしだとわかった。さて、われわれはこれから、ニュートン氏がこの無限の深みをはたしてどこまで掘り下げていったかを見てみることにしたい。

7　ジャック・ロオー（一六一八〜七五）。フランスの物理学者。『自然学概論』（一六七一年）は版を重ね、デカルトの自然哲学の普及に貢献。

第一五信　引力の体系について

サー・ニュートンによるかずかずの発見は、かれに世界的な名声をもたらした。かれがおこなった発見は、宇宙の体系、光、幾何学における無限、そして年代学《クロノロジー》にかかわる。最後にあげた年代学は、かれが研究のあいまの息抜きとして楽しんだものである。

以下で、私はこれらの雄大な思想について、私がわずかながら理解できたことを（なるべく長たらしくならないように気をつけながら）語っていきたいと思う。

まず、宇宙の体系についてである。すべての惑星を回転させ、そして惑星をそれぞれの軌道にひきとどめている原因、また、あらゆる物体をこの地球の表面にむかって落下させる原因について、長いあいだ議論がたたかわされてきた。

デカルトの体系は、かれ以後に補われ、かなり変更もされたが、とにかく宇宙の諸現象をなかなかみごとに説明できるもののように思われてきた。また、理屈が簡単で誰にも理解できるものだったから、それだけにますますほんとうらしく見えた。しかし、哲学においては、あまりにも簡単に理解できてしまう哲学は、さっぱり理解できない哲学と同じくらい、用心をしなければならない。

重力とか、地上にむけての物体の加速度的な落下とか、惑星のそれぞれの軌道での公転とか、惑星のそれぞれの軸での自転とか、これらはすべて運動である。ところで、運動は衝撃によって生ずるとしか考えられない。したがって、すべての物体は衝き動かされているのである。しかし、それを衝き動かすのはいったい何なのか。ところで、空間全体はいささかも空虚ではない。したがって、空間は、われわれの目には見えないけれども、きわめて微細な物質によって満たされている。また、この物質は西から東へ動く。なぜなら、すべての惑星も西から東へ引っぱられているからである。

このように、推測に推測を重ね、ほんとうらしさにほんとうらしさを重ねて、微細な物質の巨大な渦がイメージされたのである。この渦のなかで惑星は太陽の周囲を引き回されているとされた。さらにまた、べつの特殊な渦もつくりだされた。この渦は巨大な渦のなかを浮遊し、惑星のまわりで毎日回転しているとされる。

いったんこうした仮説ができあがると、重力はこの渦の毎日の運動によるものとされる。それはこうだ。われわれ小さな渦のまわりを回転する微細な物質は、まちがいなく地球より十七倍も速い速度で動いている。地球より十七倍も速い速度で動いているとすれば、それはとてつもなく強い遠心力をもつにちがいない。そして、その結果として、あらゆる物体を地球のほうへ強く押しつけるにちがいない。以上が、デカルトの体系において示された重力の原因である。

しかし、こうした微細な物質の遠心力や速度を計算してみる前に、そういう物質が存在することを確かめておく必要があった。そして、それが存在すると仮定しても、それが重力の原因になりうるとするのは、やはりあやまりであることはすでに証明されている。

ニュートン氏は、こうした渦の大きいものも小さいものも、そして、惑星に太陽のまわりを公転させる渦とか、また、各惑星に自転をさせる渦とかも、とにかく渦動説を完全に粉砕しているように思われる。

第一に、地球を囲む小さな渦が存在するとすれば、それは少しずつ動きを失わざるをえないのは明らかだ。もしも地球がある流体のなかに浮遊しているとするならば、この流体は地球と同じ密度でなければならず、もしもこの流体が地球と同じ密度だとするならば、われわれがものを動かそうとすると、かならず極度の抵抗に出会うのは明らかである。とすると、たとえば一ポンドの重さのものを持ち上げるのに、地球と長さが同じくらいのテコが必要になってくる。

第二に、大きな渦というのは、さらに一段と妄想に近い。ケプラーの法則は真理であることが証明されているが、渦動説はこれとどうしても合致しない。木星がそのなかで動いているとされる流体の周期と、地球を囲むとされる流体の周期は、木星の公転と地球の公転の周期が異なるように、それぞれ異なるはずだ。それをニュートン氏は明らかにした。

かれはこんなことも証明した。すなわち、惑星はすべて楕円をえがいて公転している。したがって、それぞれが軌道上の遠日点《えんじってん》にあるとき、たがいの距離はもっとも隔たり、それぞれが近日点《きんじってん》にあるとき、もっとも接近する。とすると、渦動説によれば、たとえば地球は、金星や火星にもっとも近づくときに、もっとも動きが速くなる。なぜなら、地球を動かす流体はそのときもっとも大きな圧力を受け、それで動きもより大きくなるはずだからである。ところが、じっさいには、地球の動きはそのときもっとも緩慢になる。

かれはまた、こんなことも証明した。天空の物質はかならず西から東へ動くわけではない。なぜなら、彗星は東から西へ横切ったり、北から南へ横切ったりするからである。

最後にかれは、できればあらゆる難問をこの一撃で解決するために、空間の充満説は成り立たないことを証明する。あるいは、実験をとおして、少なくとも充満説は不可能と見たほうがはるかに妥当だと主張する。こうしてかれは、アリストテレスやデカルトが宇宙から追放してきた真空を、ふたたびわれわれに戻したのである。

ニュートン氏は、こうした論拠とその他のたくさんの論拠にもとづいてデカルトの渦動説をくつがえしたけれども、自然のなかに秘められたひとつの原理、すなわち、あらゆる天体の運動をひきおこし、しかも地球上で重力をつくりだす原理、そういう原理があるかどうかを知ることはとてもできないだろうとあきらめていた。しかし、一六六六年、ケンブリッジの近くの田舎に引きこもっていたある日、庭を歩いていたら、樹から果実が落ちるのを見て、かれは重力について深く考えこんでしまった。まさに、この重力こそ、すべての哲学者が長いあいだその原因を求めてきながら解明できずにいるものであり、一般大衆にいたってはそれが不思議なものだとさえ思いもしないものである。ニュートン氏はこう自問した。

「物体が地上に落ちるとき、それがどんな高さからであるにせよ、落下はまさしくガリレオが発見したとおりに進む。そして、物体が通過する空間の距離は、その時間の二乗に比例する。重い物体を落下させる力は、どんな深い地の底であろうと、また、どんなに高い山の上であろうと、いささかも減少が感知されず、同一である。ならば、どうしてこの力が月にまでおよばないことがあるだろうか。そして、もしこの力が月にまで達するといえるならば、この力が月をその軌道上に保ち、月の運動を決定づけているというのも、大いにありそうなことではないか。だが月までが、どのようなものであれこの原理にしたがうのであれば、ほかの惑星も同じくこれにしたがうと考えるのがやはりきわめて理にかなうのではないか。

「そういう力が存在するとしたら、その力の大きさは距離の二乗に反比例するにちがいない（じっさい、それは証明済み）。とすると、残る課題は、重い物体を地上のやや高いところから地面に落としたときの距離と、それと同一の時間に、物体が月の軌道上から地球に落ちてくるばあいの距離を比較することだけである。そして、その答えを知るためには、地球の大きさの測定と、月から地球までの距離がえられるだけでよい」

ニュートン氏はこのように推論した。

しかし、当時のイギリスでは、地球の大きさの測定はきわめていいかげんなものばかりだった。ひとびとは水先案内人《パイロット》たちの不確かな推算を鵜呑みにしていた。たとえば、緯度一度は約七〇英マイルと計算しなければならないのに、水先案内人は六〇英マイルと計算した。このまちがった計算はニュートン氏が導き出そうと思っていた結論と合致しなかったため、かれは自分が望んだ結論を投げ捨てた。凡庸なくせに虚栄心だけはたっぷりもっている哲学者なら、地球の大きさを何とかして自分の体系に合致させていたことだろうが、ニュートン氏は、そんなときには自分の計画を放棄するほうがましだと考えた。

だが、ピカール氏[1]が子午線（きわめて誇らしいことに、この線はフランスを通る）を引いて地球の大きさを正確に測定してからは、ニュートン氏は自分の最初の考えにもどる。自分の推測とピカール氏の計算が合致したのである。使われたのは四分儀《しぶんぎ》[2]とちょっとした算数だけなのに、これほど崇高な真理が発見されたというのは、いまでも私にはすばらしいことだと思われる。

地球の円周は一億二三二四万九六〇〇パリ・フィートである。たったこれだけのことから、引力の全体系が引き出せるのである。

地球の円周はわかっている。月の軌道の円周と、その軌道の直径もわかっている。その軌道での月の公転周期は、二十七日七時間四十三分である。したがって、月はその平均運行において、一分間に一八万七九六〇パリ・フィート進むことが証明される。また、すでに知られている定理によって、月の高さから物体を落下させたばあいの中心力は[3]、最初の一分間では一五パリ・フィートしか落下させないことも証明される。

1　ジャン・ピカール（一六二〇～八二）。フランスの司祭で天文学者。三角測量をおこなった最初の人物。

2　四分儀は、円の四分の一の扇形をした測量器。

さて、物体は距離の二乗に反比例して重みをかけ、重力によって引かれ、またたがいに引き合うという法則が真実であるならば、また、同じ力があらゆる自然のなかでこの法則にしたがって働くとするならば、地球から月までの距離は地球の半径の六十倍であるから、重い物体を月から地球に落下させたとき、落下する距離は、最初の一秒で一五パリ・フィート、そして最初の一分間で五万四〇〇〇パリ・フィートとなるのは明白だ。

ところで、重い物体はじっさい、最初の一秒で一五パリ・フィート落下し、そして最初の一分で五万四〇〇〇パリ・フィート進むのだが、この数は一五に六〇の二乗をかけたものである。したがって、物体は距離の二乗に反比例して重みをかける。したがって、同一の力が地球上では重さをつくりだし、そして、月をその軌道上に保つ。

月は、地球を自分の特殊な運動の中心とし、そうして地球のほうへ重みをかける。それが証明されているから、地球と月が、太陽を自分たちの一年間の運動の中心とし、そうしてどちらも太陽のほうへ重みをかけていることも証明される。

ほかの惑星も、この一般法則にしたがうはずである。そして、この一般法則が存在するのであれば、惑星はケプラーが発見したかずかずの法則にもしたがっているにちがいない。じっさい、すべての惑星がこれらのすべての法則、すべての関係をきわめて正確に守っている。したがって、重力という力はあらゆる惑星を、われわれの地球がそうであるのと同様に、太陽にむけて重みをかけているのである。

最後に、あらゆる物体において作用と反作用はつりあうものであるから、地球が月に重みをかけ、太陽が地球と月のそれぞれに重みをかけているのもやはり確かなことである。同様に、土星をまわる五つの衛星のそれぞれは、ほかの四つの衛星に重みをかけ、この四つの衛星はほかのひとつの衛星に重みをかけている。そして、五つの衛星はすべて土星に重みをかけ、土星は五つの衛星のすべてに重みをかけている。木星についても同様である。そして、これらの天体はすべて太陽に引きよせられ、太陽もまた逆にこれらの天体に引きよせられる。

この重力という力は、物体の中身の物質に比例して作用する。これはニュートン氏が実験によって証明した真理である。そして、すべての惑星の中心たる太陽が、惑星

3　中心力は、原点と物体をむすぶ線にそって働く力。

を引きつける力はいずれも、惑星の質量と、惑星から太陽までの距離をあわせたものに正比例する。そのことがこの新発見のおかげで明らかとなった。ニュートン氏はそこからしだいに先へ進み、人間の知性では獲得不能と思われてきた認識にまで到達した。かれは、太陽に含まれる物質の量がどれほどなのか、また、それぞれの惑星の物質の量がどれほどなのかを、大胆に計算するまでにいたった。

こうして、かれは力学の単純な法則によって、それぞれの天体が必然的にそれぞれの現在の位置に位置せざるをえないことを明らかにした。重力の法則の原理、これのみで天体の運行の見かけ上のズレはすべて説明がつく。月の運動に遅速の差が生じるのもこの法則の必然的な帰結である。さらに、月の交点《ノード》[4]の周期が十九年で、地球の交点の周期[5]がおよそ二万六千年である理由もそれによって明らかとなる。潮の満ち干もまた、この引力のごく単純な結果である。満月と新月のときに月は地球に近くなり、弦月のときに遠くなること、これに太陽の働きが加わって、海面の上昇と下降が起きるのだという説明もわかりやすい。

ニュートン氏は、その雄大な理論によって惑星の運行とかずかずのズレを説明したあと、彗星についてもやはり同じ法則の制約にしたがわせた。この火の玉は長いあいだ正体不明で、人類にとって恐怖の的であり、哲学にとって暗礁《あんしょう》であった。アリストテレスはこれを月の手前に置き、デカルトはこれを土星のむこうに押しやった。最終的にそれを正しい場所に位置づけたのがニュートンなのである。

かれは彗星が固体であることを証明する。彗星が太陽の働きのおよぶ範囲で運動し、ほとんど放物線に近いきわめて大きな楕円を描くこと、公転の周期が五百年以上という彗星もあることを、かれは証明する。

ハレー氏[6]は、一六八〇年の彗星はユリウス・カエサルの時代にあらわれた彗星と同一のものと考える。この彗星は、彗星というものが不伝導性の固体であることを明らかにするうえで、ほかの彗星よりとりわけ役に立つ。というのは、それは太陽との距離が太陽の円周の六分の一にすぎないほど、太陽のごく近くまで降りてきたので、したがって、灼熱の鉄の温度の二千倍という、ものすごい高温にさらされたにちがいな

4　天球上での月の見かけの通り道（白道）と太陽の見かけの通り道（黄道）が交わる点。
5　地球の自転軸（天の北極）が黄道の極を中心に一周する時間をさす。
6　エドモンド・ハレー（一六五六〜一七四二）。イギリスの天文学者で、ニュートンの年少の友人。

い。もしも、この彗星が不伝導性の固体でなかったならば、それはたちまち溶けて、蒸発してしまったはずだ。

そのころから、彗星の運行の推測が流行し始めた。有名な数学者ジャック・ベルヌーイ[7]は自分の体系によって、この名高い一六八〇年彗星が一七一九年五月十七日にふたたびあらわれると結論した。この五月十七日の夜、ヨーロッパの天文学者は誰ひとり寝なかった。しかし、その彗星はまったく姿を見せなかった。この彗星がもどってくるには五百七十五年の歳月が必要だと結論するほうが、より確かではないにせよ、少なくともより巧妙である。ウィストン[8]という名のイギリスの幾何学者は、幾何学者であるに劣らず夢想家で、ノアの大洪水はあのときひとつの彗星があらわれて地球を水びたしにしたのだと、大まじめに主張した。しかもあきれたことに、かれはなぜ自分がひとの笑いものになっているのか、わからずにいた。古代人もだいたいウィストン流に考え、彗星はかならず何か大きな災いが地上で起こる前触れだと信じていた。

ニュートンは反対に、彗星をきわめて有益なものなのではないかと考えた。彗星から発散される気は、惑星を救援し、活気づけるうえで役に立つものにほかならないとする。つまり、惑星は、太陽が彗星から離脱させたすべての粒子を、自分の運行のとちゅうで吸収するからだそうだ。この考え方は、少なくともウィストン流の考えより、ややましではある。

ここで話は終わらない。もしも重力という力、引力という力があらゆる天体において働いているのであれば、この力は天体のあらゆる部分において働いているにちがいない。なぜなら、物体がそれぞれの物質の質量に比例して引っぱりあうとすれば、それは物体を構成する諸部分の質量に比例した引っぱりあいでしかありえないからである。また、この力が全体に宿るのであれば、それは全体の二分の一にも宿るにちがいない。四分の一にも宿り、八分の一にも、そうして無限小にも宿るにちがいない。さらに、もしもこの力がどの部分においても均等なわけではないとしたら、たとえば地球のどこかの側では、ほかの側よりもかならず重力が強くなるだろうが、そういう現象は起きていない。したがって、この力はじっさいにあらゆる物質のなかに存在し、

7　ヤコブ・ベルヌーイともいう。スイスの数学者（一六五四〜一七〇五）。
8　ウィリアム・ウィストン（一六六七〜一七五二）は聖職者でもあった。

そして、物質のもっとも微小な粒子のなかにも存在するのである。

　こうして、引力というものが、まさしく自然の全体を動かす大いなる原動力なのだとされた。

　ニュートンは、この原理の存在を証明したが、そのあとで起こることもはっきりと見通していた。つまり、引力と聞いただけで腹をたてるひとも出てくるとわかっていた。そこで、かれは自分の著書のなかで、読者にむかって何回も、引力そのものについて誤解しないよう注意している。つまり、引力を古代人がいう「隠された性質」[9]と混同しないでほしいと警告した。そして、あらゆる物体にはひとつの中心力がそなわっていて、宇宙の端から端まで力学の不動の法則にしたがい、その力はすぐ近くの物体にも、はるか遠くの物体にもおよぶということ、そのことを知っていただければ十分だと述べた。

　この偉大な哲学者は、自説がアリストテレス自然学と混同されたことにたいして、きちんと抗議したが、驚いたことに、やはり偉大な哲学者と称せられるべきソーラン氏[10]やフォントネル氏は、それでもニュートンの説をアリストテレス学派と同じ妄想だと非難した。そういう非難を、ソーラン氏は科学アカデミーの一七〇九年の紀要でおこない、フォントネル氏は何と、ニュートン氏への追悼演説のなかでおこなっているのである。

フランス人は、学のあるひともそうでないひとも、ほとんど誰もが、この非難の受け売りをしてきた。どこへ行ってもこんな文句が聞こえる。「どうしてニュートンは、誰にもわかる衝撃ということばを使わずに、誰にもわからない引力などという用語を使ったのか」

こんな批判にたいして、ニュートンはこう応えるかもしれない。「第一に、あなたたちは引力ということばの意味がわからないのであれば、衝撃ということばの意味だってわかるはずがない。そもそも、ある物体がなぜほかの物体の中心に向かおうとするかが理解できなければ、ある物体がいったいどういう力でほかの

9　「隠された性質」は、アリストテレスの自然学の概念。重力などについて、力能はあらわれるが、原因だけは隠されているとする。ニュートンはこの説に回帰していると批判された。
10　ジョゼフ・ソーラン（一六五九～一七三七）。フランスの数学者。

物体を押すことができるか、イメージもできまい。

「第二に、私は衝撃というものを認めることができなかった。なぜなら、それを認めるためには、何らかの天空の物質がじっさいに惑星を押し動かしていることを知っておく必要があったのに、私はそういう物質をひとつも知らないばかりでなく、そういう物質など存在しないことを証明してしまったからである。

「第三に、私は引力ということばを、ただ私が自然のなかで発見したひとつの結果をあらわすために用いているにすぎない。それは未知の原理の、議論の余地のない確かな結果であり、物質に内在する性質であるが、その原因については、かりに発見が可能であるとしても、それを発見するのは私よりももっと有能なかたがたであろう」

ニュートンがこう応えても、ひとびとはなおも食い下がって、こう尋ねる。——ならば、あなたはいったい何をわれわれに教えてくれたのか。あなたは、ご自分でも理解できないことをわれわれに伝えるのに、どうしてこんなにたっぷり計算をしてみせる必要があったのか。

これにたいしても、ニュートンは続けてこう応えるかもしれない。

「私があなたたちに教えたことは、中心力の働きが、すべての物体にそれぞれの質量に比例した重さをもたせるということ。そして、この中心力がその力のみで、惑星や彗星を一定の比率で動かしているということである。私があなたたちに証明するのは、地上の重力やあらゆる天体の運動の原因は、この力以外にありえないということである。重い物体はすでに証明済みのそれぞれの中心力に比例して地上に落ちるのであり、惑星も同じくこの力に比例してそれぞれの運行をおこなう。かりに、こうしたすべての物体のうえで、ほかの力も働くとしたら、運行の速度が速くなったり、あるいは運行の方向が変わったりするだろう。ところが、これらの物体において、中心力の作用の結果だと証明されないような動きや速度や方向の変化が、わずかにでも生じたということはまったくない。したがって、それ以外の原理が存在することはありえないのである」

どうか、もう少しだけ、ニュートンの代弁者の役をやらせていただきたい。ニュートンはつぎのように語ったなら受けいれられたのではないだろうか。

「私は、昔の学者と見地が大いに異なる。昔の学者は、たとえばポンプのなかで水が上昇するのを見て、『水が上昇するのは水が真空を嫌うからだ』と説明した。しかし、私の立場はちがう。私は、ポンプのなかで水が上昇するという結果に最初に気づいた人間という立場に立つ。その結果の原因を説明するしごとはほかの人間にまかせるのである。筋肉の収縮によって腕は動く、と最初に言った解剖学者は、ひとつの明白な真理をひとびとに教えた。この解剖学者は、筋肉の収縮がどうして起きるのかを語ることはできなかったのだが、だからといって、かれにたいするわれわれの感謝の念が減じたりするだろうか。空気の弾力についても、その原因は未知のままだが、それでも空気の力を発見した人間は、物理学に大いに貢献した。私が発見した自然全体を動かす原動力は、それよりももっと隠された力であり、もっと普遍的な力である。とすると、私はひとびとからもっと感謝されてもいいはずだ。私は物質のあたらしい特性を発見した。創造主の秘密のひとつを発見したのだ。私はそれを計算し、その結果を証明したのである。私はそれに名前をつけたが、そのせいで文句を言われなければならないのだろうか。

「むしろ渦動こそ『隠された性質』と呼ばれてよいものである。なぜなら、そういうものはまったく存在が証明されていない。引力は、これとは反対に、じっさいに存在するものである。なぜなら、その結果はきちんと証明できるし、それぞれの引力の比率も計算できるからである。この原因の原因、それは神の胸のなかにある」

ここまでは来てもよいが、越えてはならない。［『ヨブ記』三八の一一］

第一六信　ニュートン氏の光学について

前世紀の哲学者たちによって、あたらしい宇宙が発見された。そんな新世界が存在することさえ、ひとびとには思いもおよばなかっただけに、その世界を知ることはなおいっそう難しかった。天体はどんな法則によって動いており、光はどんなふうに作用するか、それを知ることができるなんて、そんなことは夢想するだにずうずうしい、と最高の学者たちでさえそう思っていた。

しかし、ガリレオはかれの天文学上の発見によって、ケプラーはかれの計算によって、デカルトは少なくともかれの屈折光学において、そして、ニュートンはかれのすべての著作において、世界の原動力のしくみを見てとった。幾何学において、無限は計算されるものになった。動物における血液の循環、植物における樹液の流れは、われわれに自然の見方を一変させた。ポンプで空気を抜いた管のなかで、物質はあたらしい存在のしかたをするとわかった。[1] 望遠鏡を使えば、遠くのものがわれわれの目に近づいてきた。最後に、ニュートンが光について発見したことは、かれ以前のたくさんの新発見につづくものではあるが、人間が好奇心を思いっきりふくらませて期待しうる最高のものであったと言える。

アントニオ・デ・ドミニス[2]があらわれるまでは、虹は不可解な神秘的現象のひとつと思われてきた。虹が雨と太陽の必然的な作用であると、最初に見抜いたのはこの哲学者である。デカルトは、このきわめて自然な現象を数学的に説明したことによって、その名を不滅のものにした。デカルトは雨滴のなかでの光の屈折と反射を計算し、その賢さは当時としてはどこか神がかりのようなものであった。

しかし、そんなデカルトにつぎのようなことを教えてあげたら、かれはどう返事し

1　空気がなければ、軽い物体も重い物体と同じように落下する。

2　マルコ・アントニオ・デ・ドミニス（一五六〇～一六二四）。ダルマチア（現クロアチア）出身の科学者。イタリアやイギリスの大学で教え、『虹について』（一六一一年）を著したが、最後は異端審問で有罪となり獄死。

ただろうか。つまり、あなたは光の本性について思いちがいをしている。光は球状の物体だとするあなたの主張には何の根拠もない。あなたによれば、この物質は宇宙全体に広がっていて、それが動きを起こすには、たとえば長い棒の端が押されればもう片方の端が動くみたいに、太陽の一押しを待てばよいというが、それはあやまりである。光は太陽から放たれるというのがきわめて正しい。そして、太陽から地球まで光はおよそ七分で達するが、同じ道のりに大砲の弾なら、地球に達するまで速度を落とさなくても二十五年はかかる、ということ。

さらに、デカルトにむかってこう言ったら、かれはどんなに驚いたことだろう。

「光は物体の固い部分で跳ね返って、まっすぐ反射する、というのはまちがいである。物体の細孔《さいこう》が広いばあいに物体は透明である、というのはまちがいである。こうしたパラドックスを証明してくれるひとりの人間がやがてあらわれる。そのひとはたった一本の光線をすばらしく巧みに解剖してみせるだろう。その巧みさは、もっとも腕ききの達人が人体を解剖する巧みさにもまさるだろう」

そのひとがあらわれたのである。ニュートンは、光が有色光線の集まりであること、そして、白色が有色光線の集合全体からなることを、プリズムだけを使って誰の目にもわかるように証明した。たった一本の光線が、ニュートンによって七つの色の光線に分けられた。この七つの光線はリンネルや白紙のうえで、間隔は不同だが、かならずつぎの順番にならぶ。一番は赤、二番は橙《だいだい》、三番は黄、四番は緑、五番は青、六番は藍、七番は紫である。それぞれの光線は、引きつづき百個のプリズムに通しても、もはやけっして色を変えることがない。それはちょうど、精錬された金がもはや坩堝《るつぼ》に入れても変化を起こさないのと同様である。これらの基本的な七つの光線はいずれも、われわれの目に見えるその色をそれ自体のうちに保持している。その証拠は十分すぎるほどあるが、念のために、たとえば黄色の木片を取りあげて、それに赤色の光線をあててみなさい。すると、その木はたちまち赤色になる。その木に、こんどは緑色の光線をあててみなさい。その木は緑色になる。それは、ほかの色の光線でも同じである。

では、自然界のさまざまの色の原因はいったい何であろうか。それは、物体がある特定の種の光線を反射し、その他のすべての光線を吸収してしまう性質にほかならない。

この秘められた性質はいったい何なのか。ニュートンの証明によれば、それはひとつの物体を構成する小さな分子の、たんなる密度にほかならない。

　光の反射はいったいどのようにしてなされるのか。これまでの考え方によれば、それは光線がまるでボールのように、固い物体の表面にぶつかってはね返るからであった。ニュートンは、それはまったくまちがった考え方だと言い、呆然としている哲学者たちにむかって、こう教える。物体が不透明なのは、その細孔が広いからにほかならない。光はこの細孔そのものの奥からわれわれの目に反射されてくる。この細孔が小さければ小さいほど、物体は透明になる。たとえば、紙は乾燥していると光を反射するが、油で濡らすと光を通過させる。それは、油が紙の細孔に入りこんで充満し、紙の細孔をきわめて小さくしてしまうからである。

　ニュートンは、物体にはきわめて多数の細孔があること、そして、物体の各部分にもたくさんの細孔があること、さらに、部分の部分にもたくさんの細孔があることを確かめた。[3]まさしくそのうえで、一立方インチの固い物体が宇宙に存在するとはけっして確言できないことを示した。つまり、それほどわれわれの知性にとって、物質とは何かを知るのは、ほとんど到達不能なことなのだ。

ニュートンは、光を分解し、色がいくつかの原色の複合だと認識できる方法を明らかにするために、自分の発明発見の才のかぎりをつくした。そして、プリズムを用いて光線を分離させたとき、基本的な光線がきまった順番にならぶのは、これらの基本的な光線がまさしくその順番で屈折するからにほかならないことも、かれは明らかにした。光線がそのような割合で折れ曲がるというのは、かれ以前には知られていなかった特性である。光線のそのような不均等な屈折、赤い光は橙色よりも度合いが小さい……といった屈折、こういう特性をニュートンは屈折性と名づけている。

もっともよく反射する光線は、もっともよく屈折する光線である。そのことから、ニュートンは、光の反射の原因と屈折の原因が同一の力であることを明らかにした。

こうしたかずかずの発見はいずれも驚嘆すべきものだが、しかし、それらはほんの手始めにすぎない。ニュートンは、光の振動と震えを目で見る秘訣を見つけた。振動と震えがはてしなく行き来して、光を通過させ、あるいは光がぶつかる部分の密度に

3　ニュートン『光学』第二編第三部、命題八の後半。

応じて光を反射させるのだ。ニュートンは、平面ガラスと凸面ガラスを向かいあわせ、二つのガラスのあいだの空気の薄層の厚さに応じて、光は通過し、あるいは反射する、また、あれこれの色が生じるのを見て、それぞれのばあいの空気の薄層の厚さを計算したりした。[4]

そのすべての組みあわせから、光が物体に働きかける割合、物体が光に働きかける割合を、ニュートンは見出す。

かれは光というものをきわめてよく理解したので、望遠鏡が光を増大させてわれわれの目を助ける、その技術にも限度があることをはっきりさせた。

デカルトは、かれが発見したともいえる技術を大いに信用していたが、それは開発者ゆえの熱意のせいだから許されよう。かれは、望遠鏡をつかって天体を眺めたら、地球上で見分けられるぐらいの小さなものでも見られるようになると期待したのだ。しかし、ニュートンは、これまでの望遠鏡はもうこれ以上改良できないことを証明した。それは光の屈折と、光の屈折性そのもののせいである。光の屈折と屈折性はわれわれを対象により近づけると同時に、基本的な光線をあまりにも拡散させてしまうからだ。ニュートンは、望遠鏡のレンズにおける赤い光線と青い光線のひらきの度合いを計測した。そして、ひとびとがその存在を予想だにしていなかったことがらにまで証明をおよぼしていく。かれはレンズの形状にもとづく光線のズレと、屈折性による光線のズレを調べて、つぎのことを見出した。望遠鏡の対物レンズは片面が凸、もう片面が平らであるが、もしも平らな面が対象に向けられるならば、レンズの構造と位置に由来する誤差は、屈折性に由来する誤差の五千分の一にすぎない。したがって、望遠鏡の性能の向上を妨げるものはレンズの形状ではない。その責任を負うべきは、光という物質そのものなのである。

こういう理由にもとづいて、ニュートンは、屈折によってでなく反射によって対象物をしめす望遠鏡を発明した。この新式の望遠鏡はつくるのがきわめてむずかしく、使い方もそう簡単ではない。しかし、イギリス人によれば、長さ五フィートの反射望遠鏡は長さ一〇〇フィートの望遠鏡と性能が同じなのだそうだ。

4　ニュートン『光学』第二編第四部。

第一七信　無限について、および年代学《クロノロジー》について

無限という迷路、深淵、これもまたニュートンが踏破した新しい領域である。かれがそこに残した導きの糸のおかげでわれわれも迷わず歩くことができる。それでもやはりデカルトが、この途方もない新領域においてもニュートンの先駆者なのである。デカルトはかれの幾何学において、無限に向かって大股で歩いて行ったのだが、その縁のところで歩みを止めた。

ウォリス氏[1]は前世紀の中ごろ、分数に無限の割り算をほどこして、無限級数を考えついた最初のひとである。

ブラウンカー卿[2]は、この無限級数を利用して双曲線の求積をおこなった。

メルカトル[3]はこの求積法のひとつの証明を著した。

ほぼ同じころ、二十三歳のニュートンは、双曲線にたいする求積法をもとに、それ

をあらゆる曲線に適用する一般的な方法を発明した。

まさにこの方法によって、無限はあらゆるところで代数計算に組み込まれる。微分法あるいは流率法、[4] および積分法とよばれるのがそれである。これは、ひとびとがその存在を想定することさえできなかったものを、正確に数えあげ測定する術なのである。

じっさい、あなたも、つぎのようなことばを聞くと、なんだかからかわれているように思ってしまうのではなかろうか。たとえば、無限小の角度をつくる無限大の線がある、とか。

1　ジョン・ウォリス（一六一六～一七〇三）。無限大をあらわす記号∞を最初に用いたイギリスの数学者。微分積分学に貢献。
2　ウィリアム・ブラウンカー（一六二〇～八四）。イギリスの数学者。
3　ニコラス・メルカトル（一六二〇～八七）はドイツ生まれの地理学者のメルカトルではない。数学者。対数の研究で知られる。
4　微分積分学を、発見者ニュートンは流率（fluxion）法と名づけた。

あるいは、有限であるかぎりまっすぐな直線が、無限にわずかに方向を変えていくと無限な曲線になる、とか。曲線は無限に伸びるとだんだん曲線ではなくなる、とか。あるいは、無限の二乗、無限の三乗、無限の無限乗があり、そして、無限の無限乗の最終項のひとつ前の項は、最終項と比べると無に等しい、とか。

こうしたことはどれも、はじめはひどくナンセンスに見えるが、じっさいには人間の知性をこまやかに、そして広々と働かせることなのである。それまで知られていなかったかずかずの真理を発見する方法なのである。

きわめて大胆な建造物であるが、その基礎をなすのはいくつかの単純な考え方である。すなわち、四角形の対角線の長さを測ること、曲線図形の面積を求めること、ふつうの算数ではえられない数の平方根を見つけること。

そこで、けっきょく、無限をたくさん列挙しても、われわれの想像力にとっては、つぎのような、よく知られた命題のほうが衝撃は大きい。一個の円とその接線とのあいだに、曲線なら何本でも通すことができる。さらにもうひとつ、物質はどこまでも分割できる。この二つの真理はずいぶん昔に証明がなされているけれども、ほかの真理よりも理解しやすいというわけではない。

無限にかかわるこの有名な計算法の発明者はニュートンなのかどうか、長いあいだ争われてきた。ニュートンが流率法と名づけた微分は、ドイツではライプニッツ氏の発明だとされる。また、ベルヌーイも積分は自分の発明だと主張した。しかし、最初の発見者という栄誉はやはりニュートンのものであり、ほかのひとびとはたんに名乗りをあげて世間を惑わすことができたことのみを手柄とする。

血液の循環を発見したハーヴェイにも[5]、樹液の流れを発見したペロー氏にも[6]、反対者があらわれた。人間の元となる小さな虫の第一発見者たる栄誉は、ハルトソーケル[7]とレーウェンフック[8]のあいだで争われた。また、このハルトソーケルは、恒星の距離

5　ウィリアム・ハーヴェイ（一五七八～一六五七）。イギリスの解剖学者。

6　クロード・ペロー（一六一三～八八）。フランスの解剖学者、建築家。

7　ニコラス・ハルトソーケル（一六五六～一七二五）。オランダの科学者。一六九四年、精子のなかに小人がいる図を描いた。

8　アントニ・ファン・レーウェンフック（一六三二～一七二三）。オランダの科学者。一六七七年、精子を発見した。

を測定するあたらしい方式の発明で、ホイヘンス氏[9]とも争った。ルーレット曲線[10]の問題を発見したのはどの哲学者なのかは、いまだにわからない。

ともかく、ニュートンはまさしくこの無限の幾何学によって、もっとも崇高な認識に到達したのである。

さて、最後にもうひとつ、語っておくべきニュートンの業績がある。それは、右でのべた無限よりも人間にとって理解しやすいが、ニュートンがかれのあらゆる研究において発揮した創造的な精神をやはり感じさせる。すなわち、まったくあたらしい年代学である。まったくあたらしいというのは、かれは手を出したことすべてにおいてそうなのだが、ほかのひとびとから受けとった観念を変えずにはいられなかったからである。

ニュートンは、混沌としたものを解きほぐすことに慣れていたので、昔の物語と歴史が混然としているところに、せめていくらか光をあてて、不確かだった年代を確定したいと思った。なるほど、家族や都市や国というのは、きまってみずからの起源をできるだけ古く見せたがるものだ。しかも、初期の歴史家たちは日付をきちんと記さず、その点ではきわめて無頓着であった。書物の普及も、今日の千分の一以下である。したがって、昔の歴史家は批判にさらされることも少なく、世間をあざむいても罰せられることはなかった。また、明らかに事実が想像でこしらえられたぐらいだから、日付が勝手につけられたということはなおさらありうる。

ニュートンの見るところ、世界はだいたい、年代学者らの説より五百年ほど若い。ニュートンのその考えは、通常の自然の流れと天文学的な観察にもとづく。

ここで、自然の流れというのは、人間の各世代の年数を意味する。そういうあやふやな計算法を最初に用いたのはエジプト人である。エジプト人は自分たちの歴史の始まりを書きあらわしたいと考え、メネス王からセティ王[11]まで三百四十一世代と数えた。そして、確かな日付がわからないので、三世代を百年と見積もった。こうして、エジプト人はメネス王の治世からセティ王の治世までを一万千三百四十年と数えた。

9　クリスティアン・ホイヘンス（一六二九〜九五）。オランダの物理学者。

10　ルーレット曲線は、円が転がるときに円上の定点が描く軌跡。輪転曲線ともいう。

11　メネスはエジプト第一王朝の創設者。セティはエジプト第一九王朝の王。

ギリシア人は、オリンピア紀[12]を用いるようになる前は、エジプト人の方式にしたがっていた。しかも、世代の年数を少し延ばし、どの世代も四十年にまで延長した。しかし、この点ではエジプト人もギリシア人も計算をまちがえている。たしかに、通常の自然の流れにしたがうなら、三世代の年数はおよそ百年から百二十年になるけれども、三代の王の治世がそこまでの年数になることはまずない。一般に、人間の寿命は王の統治年数よりも長い。それはきわめて明白だ。したがって、歴史を書きたいと思っても、正確な日付を知らず、知っていることはただその国に九人の王様がいたことだけで、そこから九人の王の治世を三百年と数えるようなひとは、大きなまちがいを犯すことになる。

ひとつの世代の年数はおよそ三十六年、いっぽう、ひとつの治世は平均しておよそ二十年である。イギリスのばあい、ウィリアム征服王からジョージ一世まで、国王の数は三十人で、治世の年数の合計は六百四十八年であった。これを三十で割ると、ひとりあたりの治世は二十一年半になる。フランスのばあいは、六十三人の国王が統治してきた。平均すれば、ひとりあたりの治世はおよそ二十年となる。

これが通常の自然の流れというものである。したがって、治世の年数を世代の年数とおしなべて等しいと見た古代人はまちがっている。かれらは多く見積もりすぎた。したがって、かれらの計算は少し割り引いてみるのが正しい。

天文学的な観察は、哲学者ニュートンにさらに大きな支えを提供しているように思われる。かれは自分の土地で戦うとき、いちだんと強さを増すように見える。ご存じのとおり、地球は、太陽のまわりを西から東へ一年かけて一周するという年周運動のほかに、もうひとつべつの、最近までまったく知られていなかった独特の回転運動をしている。地球の両極は、きわめてゆるやかながら東から西へ逆向きの運動をしているのだ。それゆえ、地球の両極の位置はどの日においても天空の同一点と正確には一致しない。そのズレは、一年ではほとんど感知されないが、時とともに大きくなり、七十二年たてば角度にして一度、つまり、天空のひとまわりの三百六十分の一のズレとなる。したがって、ある恒星をとおった春分の二分経線《にぶんけいせん》[13]は、七十二年後に

12　オリンピア紀は、古代オリンピックが始まった紀元前七七六年から、四年ごとに一紀、二紀と数える。

はべつの恒星をとおるようになる。

ヒッパルコスの時代[14]、天空における太陽の位置は牡羊座のあたりであったが、いまは牡牛座のあたりである。そして、そのころ牡牛座があったあたりに、いまはふたご座がある。黄道にある十二星座はすべて位置を変えてしまった。にもかかわらず、われわれは古代人の言い方をそのまま使っている。つまり、偉そうに、太陽は回るなどと言うのと同じ調子で、太陽は春には牡羊座にあると言う。

ヒッパルコスは、春分点・秋分点とのかかわりで星座に何らかの変化があることに気づいた最初のギリシア人である。というよりむしろ、そのことをエジプト人から学んだ最初のギリシア人である。当時の哲学者たちは、この動きを星のせいだとした。当時のひとには、地球がそういう回転運動をするとは想像もできなかった。ひとびとはどんな意味でも地球は不動だと信じていたからである。こうして、かれらはひとつの天空をつくりあげ、すべての星をそこに貼りつけた。そして、この天空に、東に向かって動く独特の動きをあたえた。その一方、すべての星は東から西へと日常的な運行をおこなっているように見えるのである。

かれらはこのあやまりのうえに、さらに重大な第二のあやまりを重ねた。いわゆる恒星天[15]は百年で角度一度、東へ進むとされた。そのため、かれらは自然学の体系でのまちがいと同様、天文学の計算においてもまちがってしまった。たとえば、当時の天文学者ならこう言っただろう。「ある観察者の時代には、春分点は十二星座のひとつのうちの、ある星の位置にあった。それがいまでは、この観察者が見た位置よりも角度で二度だけ進んでいる。ところで、角度二度は二百年に相当する。したがって、この観察者はいまから二百年前に生きていたひとである」こんなふうに推理する天文学者は、まさしく五十四年［原文のまま］だけ計算をまちがっている。古代人は二重のまちがいを犯したうえで、かれらのいわゆる宇宙の大年[16]、すなわち全天空の回転がなされる年数を、およそ三万六千年としたわけである。

13　二分経線とは、天の赤道（地球の赤道を天球に投影したもの）と黄道（太陽の天球での通り道）の二つの交点（春分点と秋分点）と、天球の両極を結ぶ大円。
14　ヒッパルコスは、紀元前二世紀のギリシアの天文学者で、いまにつながる星座の決定者。
15　恒星天は、恒星が固着しているとされる、もっとも外側の天球。
16　大年は、プラトン年ともいう。地球をめぐる八天体（太陽と惑星）がもとの位置にもどるのに要する年数。

しかし、現代のわれわれは、こうした空想的な恒星天の回転なるものが、じつは地球の両極の回転にほかならないことを知っている。そして、その回転がなされる年数は二万五千九百年なのである。ついでながら、ここで述べておきたいが、ニュートンは地球の形を確定することによって、こういう回転運動の理由をたいへん上手に説明した。

以上すべてが定まれば、年代を確定するためには、ただもう、こうすればよい。まず、今日、春分に黄道と交わる経線にどういう星があるかを調べること。つぎに、同じ経線が昔は黄道とどの点で交わっていたかを、われわれに教えてくれる古代人が見つけられないかどうか調べること、これだけだ。

アレクサンドリアのクレメンス[17]が伝えるところによれば、アルゴ船遠征隊[18]の一員となったケイロン[19]は、この有名な遠征のさいに星座を観察した。そして、春分点は牡羊座の中央に、秋分点はてんびん座の中央に、夏至点はかに座の中央に、冬至点は山羊座の中央にあると確定している。

アルゴ船遠征よりもずっとのち、そしてペロポネソス戦争の一年前、メトン[20]は夏至点がかに座の八度のところを通るのを観察した。

ところで、黄道にある十二星座はそれぞれ三十度である。ケイロンの時代には夏至は星座の中央、すなわち十五度のところにあった。それがペロポネソス戦争の一年前には八度のところになっているわけであるから、七度の遅れになる。角度一度は七十二年に相当する。したがって、ペロポネソス戦争の始まりとアルゴ船による冒険とのあいだの年差は、七十二年の七倍、すなわち五百四年にすぎない。つまり、ギリシア人が言うような七百年ではない。このようにして、今日の天空の状態を当時の天空の状態とくらべると、アルゴ船遠征は紀元前一四〇〇年ごろではなく、紀元前九〇〇年ごろとせざるをえない。したがって、世界はこれまで考えられていたよりも五百年ほど若いのである。

この計算によって、すべての時代は現代に引きよせられる。すべてのできごとは、

17　アレクサンドリアのクレメンスは二世紀の、初期キリスト教の神学者。
18　アルゴ船遠征隊は、ギリシア神話の冒険物語。大船アルゴ号にのって英雄たちが遠征する。
19　ケイロンは半人半馬の賢者。
20　メトンは紀元前五世紀のギリシアの天文学者。

いままでの説よりももっと後のできごとだということになる。この天才的な理論体系がのちに大成功するようになるかどうか、私にはわからない。また、ひとびとがこの考え方にもとづいて世界の年代を改めたいと決意するようになるかどうか、それも私にはわからない。おそらく学者先生がたは、同一の人物に物理学も幾何学も歴史も、そのすべてを完成させたという栄誉をさずけるのは、度がすぎていると思うだろう。そういう栄誉をひとりの人物に集中するのは、一種の全世界的な君主制のようなものだろうから、こちらに自尊心があれば認めがたい。じっさい、ニュートンの引力の学説がきわめて偉大な哲学者たちから攻撃されていた同じ時期に、ニュートンの年代学の学説もまた、べつの偉大な哲学者たちから攻撃されていたのである。勝敗の行方《ゆくえ》を明らかにするはずの時間も、たぶん、この論争の決着をより曖昧《あいまい》にしつづけるものでしかないだろう。

第一八信　悲劇について

フランス人がまだ粗末な仮小屋しかもっていないころ、イギリス人は、スペイン人もそうだが、すでに劇場をもっていた。シェイクスピアは、イギリスのコルネイユ[1]と呼ばれたりするが、活躍したのはロペ・デ・ベガ[2]とほぼ同時代である。このシェイクスピアが、イギリスの演劇を創造した。かれはものすごい勢いで作品を多産し、素朴さと崇高さをあわせもつ天才ではあったが、良い趣味はどこにも見えず、作劇の規則のわきまえもまったくなかった。

私がここで申し上げることは、乱暴に聞こえるかもしれないが、しかし、真実である。すなわち、シェイクスピアの偉大さがイギリスの演劇をダメにしてしまった。かれのつくったとんでもない道化芝居をひとびとは悲劇と呼んでいる。その芝居のなかには、きわめて美しい場面がちりばめられており、じつに気高い箇所や、ひとをものすごく恐怖させる箇所もあるので、かれの作品は上演されるたびに大成功をおさめてきた。ひとの名声をたしかなものにするのは時間のみであるが、時間はひとのダメなところまで尊敬すべきものにしてしまう。この劇作家の奇妙で仰々しいアイデアの大半が、二百年［原文のまま］の時間のおかげで、崇高なものとして通用する権利を獲得した。現代の劇作家たちは、ほとんど誰もがかれを模倣している。しかし、シェイクスピアなら喝采を浴びたものが、現代作家だと非難の口笛を浴びる。そして、現代の作家たちが低く見られる分だけ、この昔の大作家への敬意が高まるのは、まあ、当然だろう。シェイクスピアを模倣してはならないといった反省がなされるわけではない。模倣が成功しないということは、ただ、シェイクスピアは模倣できないほど立派だと思わせる効果しかない。

ご存じのとおり、あの感動的な悲劇作品『オセロ』には、夫が妻を絞め殺す場面がある。妻はあわれにも首を絞められて死ぬその場面で、自分は罪もないのに殺される、と叫ぶ。また、『ハムレット』では、墓掘り人たちが酒を飲みながら、そして、こっけいな歌を歌いながら墓を掘り、掘り出した死者たちの頭蓋骨にむかって、こういう職業の人間にしか言えないような冗談を言う。あなたはきっとそれもご存じだ。しかし、そんなあなたでもこれには驚くだろう。チャールズ二世の時代[3]、すなわち、イギリスで上品な趣味が広がり、芸術の黄金期だった時代においても、シェイクスピアの愚劣なところが模倣されたのである。

たとえば、劇作家オトウェイ[4]はその作『守られたヴェニス』で、ベッドマール侯爵の陰謀という恐怖の場面に、元老院議員アントニオと娼婦ナキを登場させる。元老院議員の老人アントニオは、もはや性的に不能のくせに道楽者のおいぼれらしく、良識をかなぐり捨てて、娼婦を相手に痴態のかぎりをつくす。雄牛や犬のマネをする。女の足にかみつく。女はかれを足で蹴り、鞭でひっぱたく。

きわめて低俗な愚民むけのこういう滑稽な場面は、さすがにオトウェイの作品から削除されてしまった。しかし、シェイクスピアの『ジュリアス・シーザー』について

1　ピエール・コルネイユ（一六〇六〜八四）。フランス古典悲劇を確立したとされる。
2　ロペ・デ・ベガ（一五六二〜一六三五）。十七世紀にはスペイン最高の劇作家とされていた。
3　チャールズ二世の在位は、一六六〇〜八五年。
4　トマス・オトウェイ（一六五二〜八五）。イギリスの劇作家。

は、ブルータスやキャシアスと一緒の舞台に出てくるローマの靴づくり・古靴直し職人のふざけたセリフはそのままにされた。これは、オトウェイの描く愚劣さが最近のものであり、シェイクスピアのおふざけは昔のものという、そのちがいによる。

さて、イギリスの演劇について、とりわけあの有名なシェイクスピアについて、フランスでもいままでいろんなひとが語ってはきた。しかし、シェイクスピアの欠点をあげつらう発言ばかりだった。その欠点を補い、ひとを感動させずにおかないかずずの箇所、そういうところをフランス語に翻訳した者はひとりもいない。あなたはそのことを不満に思われるはずだ。

あなたにお答えしよう。詩人の作品のダメなところを散文で伝えるのはきわめて簡単だが、美しい詩句を翻訳するのはきわめてむずかしいことなのだ。へぼな文人たちはみんな、有名な作家を批評するという立場で、分厚い本を何冊も出している。私はそんな本より、わずかでも美しさをわれわれに伝えてくれる短い二ページのほうがよほどありがたい。私は、良い趣味をもつひとびとと声をそろえて、いつもこう主張している。ホメロスやウェルギリウスの詩を十二行読むほうが、この二人の大詩人について書かれた批評をすべて読むよりも、よほどタメになる、と。

そこで私は思い切って、イギリスのすぐれた詩人たちの作品、いくつかの断片を自分で翻訳してみた。まず最初に示すのは、シェイクスピアのひとつである。原文のすばらしさに免じて、翻訳のつたなさはお許し願いたい。翻訳を読むというのは、名画を貧弱な版画で見るようなものだということをお忘れなく。

私が選んだのは悲劇『ハムレット』の、世界中の誰もが知るあの独白である。その冒頭の原文はこうだ。

To be, or not to be, that is the question.

独白をするのはデンマークの王子ハムレットで、それはこうつづく。

待てよ、選ばねばならん
ひと思いに生から死へ、存在から無へ飛び移るべきか
冷酷な神々よ、そのときは私の勇気を励ましたまえ

私は私を侮辱する輩《やから》に屈し、背中を丸めて老いるべきか
わが身の不幸と運命を耐え忍ぶべきか、それとも終わりにすべきか
私は何者だ、このためらいは何だ、そもそも死とは何だ
死は、苦悩の終わり、私の唯一の憩い
死は、長いもだえのあとの静かな眠り
眠ればすべてが死ぬ、が、やすらかに眠っても
おそらくはそのあと恐ろしい目覚めが待っている
つかのまの生のあと、たちまち永遠の拷問が始まる
そんな脅しのことばも聞こえてくる
おお、死よ、避けがたい一瞬よ、恐ろしい永遠よ
おまえの名前を聞くだけで心はふるえ、凍りつく
だが、おまえなしに、こんな人生が耐えられるか
嘘つき坊主[5]らの偽善をありがたがれるか
あんな女の裏切りを許せるか
偉いやつに這いつくばり、下から見上げて讃えるのか

目をそらす恩知らずの友人たちに
こんな自分の落ち込みをさらけだせるか
ここまで極まれば、死はあまりにも甘美だ
しかし、ためらう気持ちが口を開く、「やめろ」と叫ぶ
われわれに幸せな死をもたらすはずの手が、ためらいの声で止まる
ためらいは、勇敢な兵士を臆病なクリスチャンに変える
……

私の翻訳が、原文の英語を一語一語そのままフランス語に変えたものだとは思わないでほしい。文字面だけで翻訳をする者に災いあれ。そんな翻訳をする者は、ひとつひとつのことばを直訳しながら、原文の意味を弱めているのだ。「文字はひとを殺し、霊はひとを生かす」[6]という聖書のことばは、まさしく翻訳において言えることなので

5　そういう僧らは『ハムレット』には登場しない。
6　コリントの信徒への手紙二、三の六。

ある。

もうひとつ、イギリスの有名な悲劇作家ドライデン[7]の一節を紹介したい。ドライデンはチャールズ二世の時代の詩人で、作品を精錬するよりも量産するほうに力を入れた作家である。もし、かれが十分の一しか作品を作らなかったら、文句なしの名声を得ていたであろう。しかし、かれはあらゆる分野で才能を発揮したがり、そこがかれの大きな欠点であった。

以下、かれの作品の断片を紹介するが[8]、その出だしの原文はこうだ。

When I consider life, t'is all a cheat.
［生なんて、考えてみればすべてまやかし］
Yet fool'd by hope men favour the deceit.
［ひとは希望にだまされ、だまされて喜ぶ］

計画は後悔へ、失敗は妄想へ

ひとはわれを失い、狂ったようにうろつく
いまは不幸、しかし希望は心地よい
われわれはいまを生きない、生は期待されるもの
明日、明日になればすべての願いがかなう、という
その明日が来る。われわれはあいかわらず不幸のままだ
あれこれ思えばこそ苦しい、ああ、いったい何がまちがいだ
自分の不幸をくりかえしたい者はいない
われわれは自分の生の最初の瞬間、その日の出を呪う
しかし、夜が来ると、われわれはまたしても期待する
過去の甘美な日々がちらつく空っぽの約束に
……

7　ジョン・ドライデン（一六三一～一七〇〇）。イギリスの詩人、劇作家。
8　戯曲『オーレン・ゼーブ Aureng-Zebe』（一六七六年）、第四幕第一場。ヴォルテールによる翻訳は、先の『ハムレット』の独白の翻訳と同様、文字面はほとんど別物に見える。

抜き出したいくつかの断片においては、イギリスの悲劇作家たちはここまですぐれている。かれらの作品は、ほとんどすべて洗練されておらず、きちんとした作法も秩序も真実味も欠いてはいるが、それでも、そういう闇のただなかであっと驚く輝きを放ったりする。文体はあまりにも大げさで、あまりにも不自然で、あまりにもアジア的な誇張にみちた旧約聖書の過剰な模倣といった趣だが、しかし、それでもそこにひとつ認めねばならないことがある。すなわち、比喩に富んだ文体という竹馬のおかげで、たとえヨタヨタ歩きでも、イギリスの言語はレベルが上がり、その精神もまたきわめて高いものになっているのである。

イギリスの劇作家で初めて、理にかなった戯曲を、冒頭から終末までエレガントに書いているのは、あの有名なアディソン氏[9]だ。彼の悲劇『ウティカのカトー』は、ことばづかいと詩句の美しさにおいて、ひとつの傑作である。そのなかでのカトーの役柄は、私の意見では、コルネイユの悲劇『ポンペー』のコルネリーの役柄よりもはるかによく書けている。カトーは誇張なしでも偉大さがわかるが、コルネリーのほうは不必要な人物であるうえに、ときどきとんちんかんな方向に逸れてしまう。アディソン氏のカトーは、およそ舞台に登場する人物としてはもっともすばらしいキャラクターだと私には思われる。けれども、この戯曲のその他の人物はかなり見劣りする。また、『カトー』はきわめて上手に書かれた作品であるが、ただ恋愛話の冷ややかさが傷になっている。しかも、そういう恋愛話が芝居の全体を生気のないものにして、作品を殺している。

演劇作品のなかにむやみに恋愛をもちこむ風習は、フランス産のリボンやかつらと一緒に、一六六〇年ごろ、パリからロンドンに伝わったものである。ご婦人がたは、あちらの国でも同様に、劇場を華やかにするが、劇中のやりとりが恋愛以外のことになるともう我慢できない。賢明なるアディソンは、軟弱にも空気を読み、ドラマの登場人物のきびしい性格も時代の風潮にあうように曲げてしまった。大衆を喜ばせるために、せっかくの傑作をダメにしたのである。

アディソン以後、イギリスの演劇はいちだんと体裁が整い、観客は喜ばせるのがいっそうむずかしくなり、作家は劇作をますます作法どおりにおこなって、大胆なこ

9　ジョゼフ・アディソン（一六七二〜一七一九）。エッセイスト、劇作家、政治家。

とはしなくなった。私の見るところ、最近の舞台はとってもお行儀がよい反面、熱っぽさはまったくない。これまでのイギリス人は、反対に、乱調の美しさをつくることしかできなかったように思われる。シェイクスピアがつくりだした異彩を放つ怪物たちのほうが、最近のおとなしい登場人物より、千倍も魅力的だ。

イギリス人の詩的な才能は、いままでのところ、自然に生えて葉を茂らせた木に似ている。その木は、無数の枝をあちらこちらに伸ばし、形の悪さなど気にせず、ぐんぐんと力強く成長している。もし、あなたがそんな自然に無理な力を加えたり、マルリー庭園[10]の木のように刈り込んだら、その木は死んでしまう。

10　マルリー庭園はルイ十四世の離宮で、幾何学的なフランス式庭園。

第一九信　喜劇について

『イギリス人とフランス人についての書簡』を書いたド・ミュラ氏[1]は聡明で、抜け目のないひとなのに、喜劇を語るときに、シャドウェル[2]という喜劇作家を論評するだけにとどめたのはどうしてなのか、私にはわからない。シャドウェルは当時においても、十分に軽蔑されていた。かれは教養人のあいだではまったく詩人としてあつかわれなかった。何度か上演されたかれの喜劇を、民衆はおもしろがっていたけれども、趣味の良いひとびとはそろって軽蔑した。シャドウェルの喜劇は、私がフランスでさんざん見てきた駄作とよく似ている。つまり、民衆は引きつけられるが、読書人からは反発されるような芝居である。フランスでは、そういうものはこんなふうに言われた。

パリ中が非難するものを、パリ中が見物したがる。

イギリスの喜劇を語りたいのであれば、ド・ミュラ氏は、当時まだ生きていたすぐれた作家についてわれわれに語るべきであったろう。その作家とは、ウィッチャリー氏[3]である。ウィッチャリー氏は、長いあいだチャールズ二世のいちばん有名な愛人[4]の公然たる恋人であった。かれは最上流の社交界で生涯をすごし、上流社会の悪いところ、滑稽なところを何でもすべて知っていた。かれはそうしたところを、たしかな筆づかい、真実の色づかいで、みごとに描き出した。

ウィッチャリーは、人間嫌いの男を主人公にした喜劇[5]を書いている。これはまさしくモリエールの『人間嫌い』の模倣である。かれの表現はモリエールよりも強烈だし、大胆であるが、洗練されておらず、作法にも欠ける。ただし、このイギリスの作家は、

1　ベア＝ルイ・ド・ミュラ（一六六五〜一七四九）。スイスの作家。
2　トマス・シャドウェル（一六四一〜九二）。イギリスの劇作家、詩人。
3　ウィリアム・ウィッチャリー（一六四〇〜一七一六）。イギリスの劇作家。
4　クリーブランド公爵夫人、バーバラ・パーマー（一六四一〜一七〇九）。
5　『裏表のない男 The Plain Dealer』（一六七六年）。

モリエールの戯曲の唯一の欠陥をあらためている。その欠陥とは、筋だてと見せ場に乏しいという点である。イギリスのこの作家の喜劇は、見せ場も多く、筋だても巧妙であるが、わが国の道徳観念からすれば、すこし露骨すぎる。

その喜劇の主人公は海軍大佐である。かれは勇気にあふれ、裏表がなく、人間というものを軽蔑している。大佐には聡明で誠実な友人がいるが、大佐はその友人を信用していない。大佐を一途に慕う女性がいるが、大佐はその女性には目もくれない。いっぽう、大佐がすっかり信用しているのは、うわべだけの友で、そいつはこの世でもっとも卑劣な男である。また、大佐が心から愛している女は、きわめて色っぽいが、あらゆる女のうちでもっとも不実な女である。ところが、大佐はこの女を、ギリシア神話のペネロペみたいな貞女と思いこみ、うわべだけの友を、ローマの小カトーみたいに高潔な男と思いこんでいた。

大佐は、オランダとの戦におもむくとき、自分が所有する金銀・宝石その他すべてを、この貞女に渡し、さらに、この女を、自分が固く信用する忠実な友にあずけて行く。そして、大佐が信用しないほんとうの正直な友人は、大佐とともに船に乗る。また、大佐が見向きもしなかった女性は小姓に変装して同行する。しかし、大佐は戦のあいだ小姓がずっとそばにいても、小姓が女性であることに気づかない。

大佐は、海戦で自分の船を爆破させてしまい、救援もなく、持ち船も持ち金も失って、ロンドンに戻ってくる。小姓と友人も一緒だが、あいかわらず大佐は友人の友情にも、小姓の愛情にも気づかない。大佐はあの真珠のように輝く女のところへ、ただちにむかう。そこには宝石箱と女の変わらぬ愛情が待っている、はずだった。ところが、行ってみると、女は、大佐が正直者と信頼していたならず者と結婚していた。預けておいた自分の財産も、女の貞操とともに、まったく守られていなかった。

わが主人公は、貞節な女性にそんな芸当ができるとは、どうしても信じることができなかった。大佐が女の正体を知るようになるのは、この率直な女性がかわいい小姓に惚れて、小姓を無理やり自分のものにしようとしたからだ。しかし、裁きはかならず下される。劇場の舞台においては、悪は罰せられ、善は報われねばならない。そこで最終的には、大佐が小姓に化け、自分を裏切った女と寝て、自分を裏切った友をコキュ[6]にしたうえで、そいつの体に剣をぶすりと突き刺し、宝石箱をとりもどし、自分

6　コキュとは、妻を寝取られた間抜けな夫のこと。

の小姓と結婚する。

なお、この芝居には大佐の親戚として、パンベシュ伯爵夫人のような訴訟狂の老婦人[7]が出てくるが、これはおよそ舞台に登場する人物として最高に愉快で、最高にみごとに造形されたキャラクターである。

ウィッチャリーの喜劇には、もうひとつ、モリエールを模倣したものがある。この喜劇[8]も、右に述べた喜劇には負けないぐらい、奇抜であり露骨である。アイデアのもとはモリエール『女房学校』だ。

この喜劇の主要人物は、たいへんな女たらしで、ロンドン中の亭主たちにとって恐怖の的である。そこで、この男はもっと上手にことをなすために、こんな噂をひろめることを思いつく。すなわち、最近の病気で、この男の性器は切り落とすしかないと医者たちは見立てたという噂だ。亭主たちはみんな、このうれしい噂を聞いて安心し、つぎつぎに女房をこの男のところへ連れてくる。男は気の毒にも、こんどは女が多すぎて、すっかり選択に悩まされる。そして、男がいちばん気に入ったのはかわいい田舎女であった。この女はとても無邪気だが、とても多情で、じつに天真爛漫に自分の夫をコキュにしてしまう。天真爛漫さというのは、手練手管にたけたご婦人がたの悪知恵などより、こういうとき威力がまさる。この芝居は、なるほど、良い道徳を教える学校ではないが、しかし、機知の働かせかたと本物の笑いを教えてくれるじつに良い学校である。

ヴァンブラ[9]という騎士爵《ナイト》は、もっとおもしろい喜劇をいくつか書いているが、ひねりがやや弱い。この騎士爵はいわゆる遊び人で、おまけとして、詩人でもあり、建築家でもあった。かれの作品はかれの建築と同様に粗雑だと言われる。有名なブレニム宮殿は、フランスにとって不運だったホッホシュテットの戦い[10]を記念して建てられた重たくて頑丈なモニュメントであるが、それを建てたのがかれである。この宮殿も、

7　パンベシュ伯爵夫人は、フランスの劇作家ラシーヌの喜劇『訴訟狂』（一六六八年）に出てくる人物。ヴォルテールがここでいう老婦人は、ウィッチャリー『裏表のない男』（一六七七年）に出てくるブラックエーカーという未亡人をさす。
8　『田舎女房　The Country Wife』（一六七五年）。
9　ジョン・ヴァンブラ（一六六四～一七二六）。イギリスの劇作家。建築家としてのほうが有名。

外壁の厚さに見あうぐらいに中の部屋が広ければ、もうそれだけで居心地はもっと良くなるだろう。

ヴァンブラの墓碑銘にもこう書かれている。[11]

「大地よ、ここに眠る者に大地の重たさを味わわせたまえ。この者は大地にたいへん重たいものを載せたのだから」

この騎士爵は、一七〇一年に始まった戦争の前にフランスを見て回り、そしてバスティーユに投獄され、そこにしばらく入れられていた。どうしてかれがフランス政府からそんな仕打ちを受けることになったのか、理由はわからない。ともかく、かれはバスティーユにいるあいだに喜劇をひとつ作った。そして、私にとってひどく奇妙に感じられるのは、かれはそんなひどい目にあいながら、作品の中には、フランスにたいする当てこすりなどひとつもないことである。

あらゆるイギリス人のうち、喜劇の芝居の栄誉をもっとも高めた人物は、故コングリーヴ氏[12]だ。残した作品の数は少ないが、いずれもそのジャンルではもっともすぐれたものばかり。作劇の作法はきちんと守られ、登場人物たちはいろどりに富み、性格づけもきわめてこまやかである。趣味の悪いおふざけはわずかも見当たらない。そして、観客はどの場面でも、ペテン師のいかさまが紳士たちのことばでなされるのを見る。これは、作者がその社会をよく知っていること、作者がいわゆる上流社会でじっさいに生きてきたことを示す。

私がかれと知り合ったとき、かれはすでに病気で、ほとんど死のまぎわにあった。かれにはひとつ欠点があった。それは、かれに名声と富をもたらした作家という自分の天職に、自分では十分な敬意を払わなかったことである。かれは私に、自分が書いたものはつまらないものゆえお恥ずかしい、と語った。私との会話の冒頭でも、自分はただ平穏無事に生きてきた紳士のひとりだと思ってほしい、と言った。それにたい

10　ホッホシュテットの戦いは、イギリスではブレンハイム（あるいはブレニム）の戦いと呼ばれる。スペイン継承戦争（一七〇一年開始）で、一七〇四年、イギリスとオランダの連合軍がフランスを破った。

11　書いたのは牧師で風刺詩人のエイブル・エヴァンズ（一六七九〜一七三七）。

12　ウィリアム・コングリーヴ（一六七〇〜一七二九）。イギリスの劇作家。代表作は『世の習い The Way of the World』（一七〇〇年）。

して、私はこう答えた。もしあなたが、不幸にして、そこらにいるふつうの紳士にすぎなかったら、私はわざわざ会いに来るはずがありません。そして、あなたの逆の意味での見栄っぱりにショックを受けてしまいました、と。

イギリスの喜劇のうちでは、かれの作品がもっとも機知に富み、作りがもっともきちんとしている。ちなみに、もっとも陽気なのはヴァンブラの作品で、もっともパワーがあるのはウィッチャリーの作品である。

ここで特記すべきは、こうした才気あるひとびとは誰ひとり、モリエールの悪口など言わなかったことだ。イギリスで、偉大なモリエールの悪口を言ったのは、ろくでもない作家だけである。フランスの作曲家リュリー[13]の悪口を言うのはイタリアのへぼな音楽家たちで、ボノンチーニ[14]のようなイタリアの大作曲家はリュリーを正当に高く評価する。ミード[15]のようなイギリスの名医は、フランスのエルヴェシウス[16]やシルヴァ[17]のような医師を高く評価する。

イギリスにはさらに、スティール騎士爵[18]やシバー氏[19]といったすぐれた喜劇詩人がいる。シバー氏はすばらしい俳優であるうえに、国王に任命された桂冠詩人でもある。これは奇妙な官職名であるが、この名を授かれば千エキュの年金と、たくさんの特権がいただける。わが国の偉大なる詩人コルネイユでさえ、これほど厚遇されなかった。

さて、私はイギリス戯曲の大ファンではあるが、そのきわめて細かなところに立ち入ることや、ウィッチャリーとかコングリーヴなどの名文句や冗談のおもしろさを伝えることは、ご勘弁願いたい。それは翻訳しても笑えるものではまったくないからだ。イギリスの喜劇のおもしろさがわかりたいのであれば、ロンドンに行って三年間滞在し、英語をみっちり勉強し、毎日喜劇を観に行く、これしか方法はない。私はプラ

13　ジャン＝バティスト・リュリー（一六三二～八七）。フランス・バロック音楽の作曲家。
14　ジョヴァンニ・バッティスタ・ボノンチーニ（一六七〇～一七四七）。イタリア・バロック音楽の作曲家。
15　リチャード・ミード（一六七三～一七五四）。イギリスの医師。ペスト感染の予防で有名。
16　このエルヴェシウス（一六八五～一七五五）は哲学者エルヴェシウスの父。
17　ジャン・バティスト・シルヴァ（一六八二～一七四二）。フランスの医師で、ヴォルテールも診察を受けている。
18　リチャード・スティール（一六七二～一七二九）。イギリスの作家、政治家。
19　コリー・シバー（一六七一～一七五七）。イギリスの俳優、作家。

ウトゥス[20]やアリストファネスを読んでも、あまりおもしろくない。なぜか。それは私がローマ人でもギリシア人でもないからだ。しゃれの微妙な味わい、当てこすり、事件にかんするもの、こういったものすべては外国人にはわからない。

悲劇については、これと同じではない。悲劇であつかわれるのは、昔のまちがった説話や歴史によって神聖化されている偉人の性愛とか英雄の愚行である。であるからこそ、『オイディプス』や『エレクトラ』はギリシア人のものであるのと同様に、スペイン人やイギリス人、そしてわれわれのものなのである。

しかし、出来のよい喜劇というのは、一国民の愚かしさを声の出る絵にしたものなのであるから、もしあなたがその国民のことを徹底的に理解していないのであれば、あなたにはとてもその絵の良し悪しは見分けがつくまい。

20 プラウトゥス（前二五四〜前一八四）。古代ローマの喜劇作家。

第二〇信　文才を修養する貴族について

フランスでは、一時《いっとき》、国の要人らが文芸の修養に励んだ時代があった。とくに、宮廷の貴族は熱心で、この国で何よりも大事なこととされている放蕩や、無意味な趣味や、陰謀への情熱はすべてそっちのけにして、これに加わった。

今日のフランスでは、私が思うに、宮廷の貴族は文芸を尊重する趣味とはまったく異なる趣味に熱中しているようである。おそらく、もう少し時間がたてば、少しはものを考える風潮も戻ってこよう。国王はただ望むだけでよい。この国民は王の望みどおりのものになる。

イギリスでは、ひとはものを考えるのがふつうである。そして、文芸を尊重する点でも、イギリスはフランスよりまさる。こうした長所は、イギリスの政治形態の必然的な結果である。

ロンドンには、議会で演説をして国民の利益を擁護する権利をもつ者が、およそ八百人いる。そういう栄誉をこんどは自分に、と主張する者はおよそ五、六千人いる。その他の国民はみんな、こうした者たちを審判するのが自分の役目だと思っている。また、国民は誰でも、公的な問題について自分の考えを印刷して発表することができる。

したがって、国民は全員、どうしても識見を高める必要がある。政治について、どこでも話題にされるのは古代のアテネやローマのことばかりなので、それを論じた著者の本をひとはいやおうなしに読まざるをえない。この勉強が、ごく自然に文学につながっていく。

一般に、人間はそれぞれ身分にふさわしい知性をもつ。裁判官や弁護士や医者、そして多くの聖職者が、その他の職業のひとびとより、通常、文才や趣味や知性においてすぐれているのはどうしてなのか。それはまさしく、そういうひとびとの身分が豊かな教養を身につけることにあるからである。それは、商人という身分が商売の取引を心得ることにあるのと同様だ。

さほど前の話ではないが、とても若いイギリスの一貴族[1]が、イタリア旅行からの帰りにパリで、私に会いに来た。かれは自分が見てきたイタリアを一編の詩で描いてみせたが、なかなか良い詩であった。その洗練のほどは、イギリスのロチェスター伯[2]やわが国のショーリュー、サラザン、シャペル[3]が書いたどの作品にも劣らない。

その詩を私は訳してみたが、もとの詩の力強さや出来のよいしゃれはとても表現できなかった。その詩の作者や、英語がわかるかたがたには、心からお許しを請うしかない。とはいえ、この……卿の詩をお伝えするにはほかに方法がないので、私の翻訳したものをお見せしよう。

イタリアで私が見たものは
プライドと狡さと貧しさ
お世辞はたっぷり、誠意はちょっぴり
やたらに多いセレモニー
ときどき開かれる宗教裁判は
宗教と称するのもおこがましい
中身はとんでもないお笑いぐさ

われわれに言わせりゃ狂気の沙汰
イタリアの美しい土地
慈悲深い自然のおかげで豊かだが
嘆かわしくも、司祭らの手で
すばらしい大地の恵みが枯らされる
たいそう偉いとされるかたがたも
立派な御殿でさびしく暮らす
お金もなく、従者もいない
まさにイタリア名物、のらくら者

1　ジョン・ハーヴェイ（一六九六～一七四三）。のちのイギリスの国璽尚書（主要閣僚）。
2　ロチェスター伯ジョン・ウィルモット（一六四七～八〇）。宮廷詩人。つぎの第二一信で詳述。
3　アベ・ド・ショーリュー（一六三九～一七二〇）、ジャン・フランソワ・サラザン（一六一四～五四）、クロード＝エマニュエル・シャペル（一六二六～八六）。いずれもフランスの詩人。

下々の民には自由もない
しかし、束縛を受難として受けとめる
貧しさをみずから誓願する
ひまがあるから神に祈る
食べるものがないから断食をする
教皇が祝福したこの美しい土地には
どうやら悪魔が住みついている
あわれにも、もとの住民たちは
天国にいながら地獄の暮らし

この詩はどうせ異教徒が書いた詩だ、と、たぶんフランスでは言われるだろう。しかし、ホラティウスやユウェナリス[4]はやはり不幸にして異教徒であるのに、かれらの詩は、そんなフランスでも毎日のように翻訳されている。しかも、かなり下手くそに翻訳されている。これはもう言うまでもないことだが、翻訳者は原作者の心の内面にまで責任をもつべきではない。翻訳者にできることは、せいぜい原作者の改宗を神に祈ることぐらいである。そして、私も上記の詩の作者にたいしては、まさしくそれを祈らずにはいられない。

4　ホラティウス（前六五〜前八）、ユウェナリス（六〇〜一三〇）、いずれも古代ローマの詩人。

第二信　ロチェスター伯とウォラー氏[1]について

ロチェスター伯の評判[2]は世界中で知らない者がいない。この有名なロチェスター伯についてては、ド・サンテヴルモン氏[3]がさんざん語ってきたが、それによって描き出された人物はたんなる道楽者、女たらしである。これにたいして、私はこの人物を天才として、大詩人として紹介したい。

ロチェスター伯ならではの強烈なイマジネーションが輝きを放つ作品のなかに、いくつか風刺詩がある。その風刺詩には、フランスの有名な風刺詩人デプレオー[4]が選んだ主題と同じ主題のものがある。私が思うに、同じ素材を二人の天才がどう料理したかを比較することほど、われわれの趣味を向上させるのに有益なことはないだろう。

以下では、人間についての風刺詩のなかで、まずデプレオーが人間の理性にむかって語っていることを見よう。

ところが、見てみると、人間は、のぼせあがり
自分で自分の妄想にあざむかれている
人間こそが自然の基本、自然の主柱
そして、至高天[5]も人間を中心に回っている
人間はこの世のあらゆる動物の主人である
ちがうか、と君はいう、たぶんちがう、と私はいう
人間は動物たちのうえに君臨する主人を名乗るが

1　エドマンド・ウォラー（一六〇六〜八七）。イギリスの詩人、政治家。「老齢 Old Age」と題する詩が有名。
2　ロチェスター伯ジョン・ウィルモットは天才詩人だが、ポルノ詩人のようにも見なされ、派手な女性関係、決闘さわぎで評判になった。いわゆるリベルタン（放蕩者、自由思想家）の代表格。
3　シャルル・ド・サンテヴルモン（一六一三〜一七〇三）。フランスの作家だが、一六六一年にイギリスに亡命し、大歓迎される。このひともリベルタンとして知られる。
4　デプレオーよりも、むしろボワローで知られる。一一三頁の注13参照。
5　至高天（原文では第十天）はいちばん高いところにある天で、神や天使はそこに住む。

動物の王たる人間には、いったい何人、王がいるのだ[6]

つぎに、ロチェスター伯が人間についての風刺詩で述べていることを、なるべく正しく紹介したい。しかし、ここでもやはり、イギリス詩人の作品が自由に翻訳されていることを、読者はお忘れなく。フランスの作詩法の窮屈さと、フランスのことばの礼儀作法のこまかさは、英語の文体の過激なまでの自由さをどうしても伝えられないものにするのである。

そんな知性を私は憎む、まちがいだらけの知性
それは私の理性ではない、神学者よ、あなたの理性だ
浅薄で、不安定で、しかも傲慢なあなたの理性
賢い動物たちを敵と見なし、しかも見下す
自分は動物と天使の中間にいると信じる
自分は神の似姿として地上にいるのだと思いこむ
小さな原子なのに煩わしいやつ。ものを信じ、疑い、論ずる

這って、登って、落ちる。が、落ちたことは否定する
自分をしばる鉄鎖を見せながら、「私は自由だ」という
目は濁り歪んでいるが、自分では宇宙を見通した気分でいる
さあ、おめでたい愚者たちよ、幸福感にひたる狂人たちよ
自分たちの学問めかした空疎な本を山と積み上げるがよい
聖なる幻想と謎をこしらえた教父たち
自分がつくった迷路で自分が迷子になっているかたがた
さあ、自分たちの秘儀をわかりにくく説明するがよい
学校に行って、自分たちの妄想を崇拝するがよい
しかし、信心家たちは、またべつのまちがいを犯す
それは、無為の倦怠をわざと引きうけること
隠棲して、何もしないことを誇りとする神秘家が
静かな僧院のなかでできることは何か。考えることだ

6　ボワロー『風刺詩』第八の、五五〜六〇行、六五〜六六行。

いや、おまえは考えもしない。ただ眠っているだけ
おまえはこの世で無用の存在、死んだも同然だ
ひりひりするような知性も、無気力のなかではよどんで腐る
目を覚ませ、人間になれ、陶酔から抜け出せ
人間は行動してこそ人間だ、おまえはまだ考えるというのか

この詩の、思想が正しいか、まちがっているかはともかく、やはり、その思想がこの詩人ならではのエネルギーでもって表現されていることはたしかである。

私はここで、ものごとを哲学者として検討するのは控えたい。また、絵筆を捨ててコンパスを手にするようなこともしたくない。この書簡における私の唯一の目的は、イギリスの詩人の真骨頂を示すことである。そこで、以下でもこの調子をつづける。

さて、有名なウォラーだが、フランスでもずいぶん話題になった。ド・ラ・フォンテーヌ、サンテヴルモン、ベール各氏もそろってほめている。しかし、世間で知られているのはその名前だけである。

ウォラーがロンドンで得た名声は、かつてパリでヴォワチュール[7]が得た名声にほぼ匹敵する。私は、ウォラーの評価はもっと高くてもよいと思う。ヴォワチュールは、フランス人がようやく野蛮から脱したものの、まだ無知蒙昧の状態にあったときに登場した詩人だ。ひとびとは知性をもちたいと思いながら、まだ知性をもっていなかった時代である。ひとびとが求めたのは考えかたではなく、おもしろいことばの使いかたであった。にせものの宝石はキラキラ光るので、ほんものの宝石より目にとまりやすい。ヴォワチュールは、生まれつき不まじめで口達者な才人であり、フランス文学の黎明期に輝いた最初の作家であった。もしも、ルイ十四世の世紀を飾った大作家たちのあとに登場したのであれば、無名のままに終わったか、あるいはせいぜい軽蔑の対象として話題にされたか、あるいは文体を自分で改めたであろう。デプレオーはヴォワチュールをほめているが、それは自分の初期の風刺詩のなかにおいてのこと。つまり、デプレオーの鑑識眼がまだ十分育っていなかった時期のことである。要するに、青かった。ひとを、そのひとの実力で判断するのでなく、世間の

7　ヴァンサン・ヴォワチュール（一五九七～一六四八）。フランスの詩人。

評判によって判断する年ごろであった。デプレオーは、そのうえ、しばしばトンチンカンにひとをほめたり、けなしたりする。たとえば、かれはスグレ[8]をほめるが、いまではスグレを読むひとはいない。かれはキノー[9]をけなすが、いまではみんながその詩をそらんじている。また、デプレオーはド・ラ・フォンテーヌについては何も言わない。

さて、ウォラーはヴォワチュールよりもましだ。が、やはり完璧ではない。かれの作った恋愛詩には優雅さがあふれているが、ぞんざいさが作品をゆるいものにしている。そして、まちがった思想がしばしば作品の形までゆがませている。当時のイギリス人は、きちんとした文章が書けるまでにはまだ達していなかった。

ウォラーのまじめなほうの作品は、不まじめな作品のゆるさからすれば、驚くほど力強い。かれがクロムウェルの死を悼んで書いた詩は、いくつか欠点はあるにせよ、いまでも傑作として通る。この詩を理解するには、クロムウェルがものすごい大嵐の日に死んだことを知っておく必要がある。

その詩の出だしはこうだ。

かれはもういない、それは定めだ、受けいれよう
その日のものすごい嵐は、天の知らせだ
雷鳴が頭上でとどろき
　かれが死んだことを告げる
かれの最後の息で、この島は激しく揺さぶられた
これまでも、島はかれの手で何度も揺れた
　かれはかずかずのことをなし
　王らの首を打ち落とし
いともたやすく民にくびきをつけて従わせた
海よ、お前も荒れる、おお、海よ、うねる波

8　ジャン・ルニョー・ド・スグレ（一六二四〜一七〇一）。フランスの詩人。ボワロー『詩法』第四篇二〇一〜二〇二行で、ほめられている。

9　フィリップ・キノー（一六三五〜八八）。フランスの詩人、劇作家。たしかに、ボワロー『風刺詩』第二の二〇〜二四行、第三の一八七〜一九九行その他に、キノーをけなすことばがならぶ。

かなたの浜にもおし寄せ、あたかもこう語る
陸の恐怖、海の主は、もういない
かつてロムルス[10]が天に昇ったときもこうだった
嵐のさなかに地上から姿を消した
戦を好む民から讃美された
生前も民はひれ伏し、死後は神と崇めた
かれの館が神殿となった……

このクロムウェル追悼の詩について、国王チャールズ二世にウォラーが返答した、という話はベールの辞典にも載っている。[11]ウォラーが、国王にたいする詩人の礼儀にしたがって、国王をほめそやす詩を献上したとき、国王は、クロムウェル追悼の詩のほうが出来がよいではないか、といってウォラーをとがめた。すると、ウォラーはこう答えた。「陛下、われわれ詩人は、真実よりもウソを語るほうが上手なのです」

このやや不誠実な返答にくらべれば、オランダ大使はずいぶんと率直である。国王はオランダ大使にむかって、自分はクロムウェルほど民の尊敬をえていない、とグチ

をこぼした。すると、大使はこう答えた。「いや、陛下、クロムウェルというのは別物なのです」

私の目的は、ウォラーであれ誰であれ、ひとの性格についてコメントすることではない、死んでしまったひとのことは、私はただそのひとの作品によってのみ考察する。作品以外は私にとってはどうでもよいものである。ただ、ウォラーについて、これだけは指摘しておく。ウォラーは生まれながらの宮廷人で、六万リーブルの年金をもらう身分であったが、けっしてそのせいでプライドばかりの愚か者になったり、何にも心の動かない人間になって、自分の才能を捨てたりはしなかった。

ドーセット伯、ロスコモン伯、そして二人のバッキンガム公、さらにハリファックス卿[12]、その他多くのひとたちも、偉大な詩人になることや有名な作家になることが、自分たちの家名を汚すことだとは思わなかった。かれらの作品は、かれらの家名より

10　ロムルスは伝説上のローマの建国者。最後は突然消え、神として天に昇ったのだとされる。

11　これはヴォルテールの記憶ちがい。

も大きな誉れになっている。かれらはまるで文学で身を立てようとしていたかのように、文芸の修練に励んだ。おまけに、民衆の目にも芸術が大事なものに見えるようになったのも、かれらのおかげである。民衆は、何ごとにつけても、貴族らに導かれる必要がある。しかし、世界のどこにもましてイギリスという国では、民衆が貴族をあまり模範にしないのである。

12　ドーセット伯はチャールズ・サックヴィル（一六三八〜一七〇六）。ロスコモン伯はウェントワース・ディロン（一六三三〜八五）。バッキンガム公はジョージ・ヴィラーズ（一六二八〜八七）とジョン・シェフィールド（一六四八〜一七二一）。ハリファックス卿はチャールズ・モンタギュー（一六六一〜一七一五）。いずれもイギリスの詩人。

第二二信　ポープ氏[1]ほか、二、三の有名な詩人について

プライアー氏[2]は、一七一二年にイギリスの特命全権大使としてパリに姿を見せたが、私はそのプライアー氏も、私の大好きなイギリス詩人のひとりとしてここで紹介したかった。また、先に名前をあげたロスコモン卿やドーセット卿などの詩についても、いささか考えるところを述べたかった。しかし、そのためには分厚い本を書かねばならなくなるし、また、せいぜいがんばっても、これらの作品全体のきわめて不完全なまとめしかできないと気づいたのである。

詩とは一種の音楽である。詩の良し悪しは、耳で聴かねば判断できない。私が外国の詩のいくつかの断片を翻訳するとき、私はその音楽を不完全に譜面に写しているのであり、その歌の味わいは表現することができない。

きわめて残念ながら、私ではそのおもしろさを伝えられそうにない一篇のイギリス詩がある。「ヒューディブラス」[3]と題する長篇詩だ。この詩は内乱を主題とし、ピューリタンの宗派をこっけいに描く。『ドン・キホーテ』とわが国の「メニッポス的風刺」[4]を混ぜてひとつにしたような詩である。私がこれまで読んだ本のなかで、もっとも機知に富み、そして、もっとも翻訳するのがむずかしい。人間のばかばかしい部分をことごとくつかみとり、ことば以上に思想を語っている本が、とても翻訳できないなんて、誰が信じるだろう。翻訳できない理由はこうだ。それは文のほとんどすべてが個々の事実についての当てこすりだからである。もっとも激しく嘲笑されているの

1　アレキサンダー・ポープ（一六八八～一七四四）。イギリスの詩人。哲学詩『人間論』（一七三三～三四年）は、ヴォルテールを最善説に近づけたとされる。

2　マシュー・プライアー（一六六四～一七二一）。イギリスの詩人、外交官。ユトレヒト条約の締結交渉のため、パリに来た。

3　作者はサミュエル・バトラー（一六一二～八〇）。騎士ヒューディブラスが従者ラルフォとともに、こっけいな失敗を重ねながら各地を旅する物語。

4　メニッポス的風刺は、古代ギリシアの風刺家メニッポスにちなむもので、十六世紀末のフランスにおける政治風刺の一ジャンル。主にカトリック同盟を批判する。

は、主として神学者で、いまではそこを理解できるひとはほとんどいない。理解するには、のべつ注釈が必要になるだろう。が、しゃれは説明されるとしゃれでなくなる。また、しゃれを説明しようとするようなやつはそろってバカである。

スウィフト博士はイギリスのラブレーと呼ばれる才人だが、かれの本も、右と同じ理由で、フランスではあまり理解されないだろう。なるほど、博士はラブレーと同じく聖職者であり、またラブレーと同様、あらゆるものを嘲笑する。しかし、私のつまらない考えを言わせていただくなら、博士をイギリスのラブレーと呼ぶのは大きなまちがいである。

ラブレーは、そのとほうもなく、そしてわけのわからない書物のなかで、底抜けの陽気さと突き抜けたような言いたい放題を披露した。かれは博識と汚物と退屈をばらまいた。かれのバカ話を載せた本の全巻を買って、ようやく二頁分ぐらいの良い話が読める。そういう作品全体を理解し、評価すると自慢しているのは、変わった趣味をもつ数人だけである。残りの国民は、ラブレーのおふざけに笑いはするが、その本は軽蔑している。ラブレーは道化者の第一位だと見られている。たいへん豊かな才気をもっているひとが、その才気をこんなくだらない形で浪費したのは、まさしく不快なことである。かれは酔っぱらった哲学者で、酒を飲んで酔っているときにしかものを書かなかった。

スウィフト氏は、しらふのラブレーである。そして、上品な仲間といっしょにいるラブレーである。たしかに、ラブレーのような陽気さはない。しかし、スウィフト氏には繊細さ、理性、選択眼、そして良い趣味がある。いずれも、わがムードンの司祭[6]には欠けているものだ。スウィフト氏の詩には、ほとんど誰にもマネのできない独特の味がある。また、できのよいしゃれが、韻文にも散文にもあり、それがかれの本領である。しかし、かれをよく理解するためには、かれの国をちょっと旅行してみなければならない。

ポープ氏については、もっと簡単に、だいたいの観念をもつことができる。このひ

5　ジョナサン・スウィフト（一六六七〜一七四五）。『ガリヴァー旅行記』などの作家。
6　ムードンはパリ南西にある町で、ラブレーはその町の司祭だった。

とは、私が思うに、イギリスが生んだ詩人のうちで、もっとも優雅で、もっとも品格があり、そしてさらに大事な点だが、もっとも耳に心地よい詩を書くひとである。かれは、イギリス・トランペットのピーという尖った音を、フルートの柔らかな音色に変えた。彼の作品は、フランス語に翻訳することができる。というのは、きわめて明晰であり、主題のほとんどが一般的で、あらゆる国のひとびとの問題だからである。ポープ氏の『批評論』[7]は、まもなくフランスでもデュ・レネル神父による翻訳の韻文で紹介されるらしい。

つぎにお見せするのは私訳によるポープ氏の詩『髪の略奪』[8]の一節。いつものように自由に訳している。私が自由に訳する理由をもういちど言おう。詩人の作品を逐語訳することほど愚かなことはないからである。

アンブリエルは年老いた土の精《ノーム》
暗い顔をし、重たい翼ですぐに飛んでくる
ぶつくさこぼしながら、洞窟の奥へと向かう
宇宙の眼が注ぐ柔らかな光も届かぬところだ

憂鬱の女神はそこを住まいにした
吹きすさぶ北風の音がもの悲しい
その乾いた吐息の毒気が
そこら中に病熱と偏頭痛を運んでくる
ふかふかのソファの上、屏風のうしろ
どんな光も物音も話し声も、風さえ遠ざけて
不機嫌な女神はいつも横になっている
胸は、わけもわからず悲しみでふさがれる
もの思いなどしないのに、心はつねに乱れる
目はうるみ、顔色悪く、鬱屈はつのる
侍女のひとりは、妬み深く悪口しか言わず

7　ポープ『批評論』の仏訳は一七三〇年に出版された。
8　ポープ『髪の略奪』(一七一二年)。ここで紹介されているのは、一七一四年版で追加された詩編四(一三〜三六行)。また、「信心深いふりをして」以下の反宗教的な二行はヴォルテールがつけたしたもの。

幽霊みたいな老婆のくせにみだらだ
信心深いふりをして隣人を悩ます
聖書を手にしてひとびとをもてあそぶ
もうひとり、若い美人の侍女もそばにいて
花いっぱいのベッドにしどけなく横たわる
しゃべるときは、気取った発音
聞くときはふりだけ、見るときは流し目
恥じらいもせずに顔を赤らめ、おかしくもないのに笑う
百病に悩むと口では言う
お化粧の紅・白粉《おしろい》のその下は、健康そのもの
嘆くそぶりのたおやかさ、気絶のしかたは芸の域

もし、この一節を私のつたない訳によってでなく、英語の原文で読まれたならば、あなたはこれをフランス詩の傑作『譜面台』[9]に出てくるラ・モレスの描写にも匹敵すると思われるだろう。[10]

イギリスの詩人についてお話しできることは、だいたい以上である。イギリスの哲学者については、すでに短く触れた。イギリスの歴史家となると、私はすぐれた歴史家をまだ知らない。イギリスの通史はひとりのフランス人[11]が書いてあげねばならなかったぐらいだ。気性が冷たかったり熱すぎるせいで、イギリス人には歴史を書くのに必要な、飾りをつけない雄弁術と気品のある素朴さがおそらくまだ身についていない。また、党派精神は目を曇らせるものだから、国民の半分がかならずほかの半分を敵と見なしているようなイギリス人の歴史家は、おそらく全員、信用してもらえない。私は出会ったイギリス人から、マールバラ公[12]は臆病者だとかポープ氏はバカだと切

9　ボワロー『譜面台』（一六七四〜八三年）はこっけいな英雄物語詩。そのなかでラ・モレス（軟弱さ）は擬人化されて描かれる。

10　一七五六年版（いわゆるケール版）には、この行のあとにポープにかんする記述が挿入されている。

11　ラパン・ド・トワラ、あるいはポール・ド・ラパン（一六六一〜一七二五）。その著は『イギリスの歴史』（一七二四〜二七年）。

り捨てるようなことばを聞いたこともあるが、それならフランスでも、一部のイエズス会士はパスカルを凡才だと言い、一部のジャンセニストはブルダルー神父[13]をたんなるおしゃべりだと言う。それと同じだ。メアリー・スチュアート[14]は、スチュアート家支持者にとっては聖なるヒロインであるが、支持者以外にとっては、ふしだらな女、不倫な妻、人殺しであった。こんなぐあいに、イギリスには、ひとの悪口を書いた本はある。しかし、歴史の書物は一冊もない。たしかに今日、イギリスにもゴードン氏[15]というすばらしいタキトゥス翻訳者がいて、かれならりっぱにイギリスの歴史を書く力がある。しかし、フランスのラパン・ド・トワラ氏に先を越されてしまった。

以上を私なりにまとめるなら、イギリス人はわれわれほどにはすぐれた歴史家はひとりも持っていない。戯曲として、ほんとうの悲劇はまったくない。なかなかおもしろい喜劇はある。できのよい詩の断片もいくつかある。人類の教師となるべき哲学者も数人いる。

これまでイギリス人は、われわれのことばで書かれた書物から大いに利益を得てきた。われわれはイギリス人に貸しがある。こんどはわれわれが借りる番だ。しかし、われわれもイギリス人も、じつはイタリア人の後輩にすぎない。イタリア人はどの分野でも、われわれフランス人・イギリス人の先生であった。いま、われわれはそのイタリア人をいくつかの点で追い越している。この三つの国民のいずれを一番とすべきか、私にはわからない。しかし、三国民それぞれの長所が味わえる者こそ幸せである。

12　マールバラ公はイギリスの軍人。前出（第一二信）。
13　ブルダルー神父（一六五一～一七〇四）はイエズス会の説教師。長い説教で有名だった。
14　メアリー・スチュアート（一五四二～八七）。スコットランド女王。
15　トーマス・ゴードン（一六九一～一七五〇）。イギリスの作家、エッセイスト。

第二三信　文学者に払われるべき尊敬について

イギリスを見ても、また世界のどの国を見ても、フランスほど学芸を奨励するための施設を充実させている国はない。なるほど、大学ならほとんどどの国にもある。しかし、天文学、数学の全部門、医学の部門、古代研究、絵画や彫刻や建築、こうしたものを具体的に支援し奨励している国はフランスだけである。ルイ十四世は、こうしたすべての施設を創設したことでその名を不朽にした。しかも、その不朽の名声を得るのにかれが払うコストは、年に二十万フランもかからない。

イギリスの議会は、不可能とされてきた経度の決定法を発見した者に二万ギニーをあたえるとしたが、イギリスの議会は、ルイ十四世の学芸にたいする気前のよさをまねることはそれまで一度も考えてこなかった。正直な話、それが私の驚きのひとつである。

じつは、イギリスにおいて才能のあるひとは、国民の目にはずっと名誉のある、べつの形で報奨を受けている。それは尊敬である。この国民は才能にたいして敬意をいだくので、したがって、才能のあるひとはかならず出世する。アディソン氏[1]も、フランスにいたら、どこかのアカデミーの会員になり、ご婦人のどなたかの信用によって、千二百リーブルの年金をもらえるようになるのがせいぜいだったろう。あるいはむしろ、かれの書いた悲劇『ウティカのカトー』のなかに、要職者の家の門番にたいする毒舌が見られるといった口実で、訴訟がおこされていたかもしれない。しかし、アディソン氏はイギリスで国務大臣になった。ニュートン氏は王立造幣局の長官になった。コングリーヴ氏も要職[2]についた。プライアー氏は全権大使であった。スウィフト博士は現にアイルランドで主席司祭をつとめており、その地では首座大司教よりも尊敬されている。ポープ氏はその宗教のため

1　ジョゼフ・アディソンについては第一八信を参照。
2　ウィリアム・コングリーヴはジャマイカの長官になった。

[3]に公職にはつけなかったが、そのことはかれがホメロスの翻訳で二十万フランを稼ぐ妨げにはならなかった。

フランスでは、悲劇『ラダミスト』の作者[4]が長いあいだ餓死寸前の状態だったのを、じっさいに私は知っている。また、フランスが生んだ偉大な作家の息子[5]も、文筆で父のあとを追い始めたが、ファゴン氏の助けがなければ貧困に沈んでいただろう。

イギリスにおいて、文芸の向上をもっとも促すもの、それは文芸にたいする尊敬である。首相の肖像画は内閣の会議室の暖炉のうえにしかなくとも、ポープ氏の肖像画は、私が見かけただけでも二十軒の家にあった。

ニュートン氏は、生前にも尊敬され、死んだあとでも当然ながら尊敬された。国の要人たちは、ニュートンの葬列で棺のつきそい人となる名誉を得ようと争ったものだ。ウェストミンスター寺院に入ってごらんなさい。そこでひとびとがありがたく眺めているのは、国王たちの墓ではない。イギリスの栄光に貢献した偉人たちのために、国民が感謝の気持ちで建立したモニュメントである。アテネでソポクレス[6]やプラトンの像がありがたく眺められるように、ここではそうした偉人たちの像が眺められる。そうした輝かしいモニュメントを眺めただけでも、それに刺激されて才能を伸ばした者、偉大な人間になった者がひとりならずいたにちがいない、と私は思う。

イギリス人はほんのちょっとした才能の者に過大な栄誉をあたえたりする、と非難されることもあった。有名女優のオールドフィールド嬢[7]が、ニュートン氏に劣らぬほどの栄誉をさずかって、ウェストミンスターに埋葬されたことを、とやかく言うひともいた。ただ、イギリス人がここまでこの女優の思い出に栄誉をあたえたのは、われわれフランス人の野蛮で卑劣な不公正さを、われわれにはっきりと思い知らせるためであった、と主張するひともいる。つまり、われわれがフランスの名女優ルクヴルール嬢[8]の遺体をゴミ捨て場に捨てたことを、イギリス人はああいう形で非難したのだと

3　ポープはいちおうカトリックであった。
4　作者はクレビヨン父（一六七四～一七六二）。
5　悲劇作家ラシーヌの息子ルイ・ラシーヌ（一六九二～一七六三）。ルイ十四世の侍医ファゴンの力添えで、プロバンス地方の王立農園の監督官となる。
6　ソポクレスは紀元前五世紀、古代ギリシアの悲劇作家。代表作は『オイディプス王』。
7　アン・オールドフィールド（一六八三～一七三〇）。演劇界のアイドルだった。

言うのである。

しかし、私は断言してもよいが、イギリス人がオールドフィールド嬢を、フランスでいえばサン・ドニにあたる王家の墓地に埋葬したのは、たんにかれらの趣味にしたがっただけで、それ以上のものではない。イギリス人は、ソポクレスやエウリピデス[9]の芸術を破廉恥なものと見なしたり、国民が誇る作品の朗詠に生涯を捧げている人間をふつうの市民あつかいせずに差別するような、そんなことはしないだけである。

といっても、チャールズ一世の時代[10]、狂信的なピューリタンが始めた内乱（けっきょくはピューリタン自身が犠牲となったが）の初期のころは、演劇反対をとなえる文書がたくさん出された。それはチャールズ一世やその妻（わがフランスのアンリ大王の娘）が、ことのほか演劇を愛好していたからである。

プリン[11]という名の博士は、がちがちのピューリタンで、短い外套でなく長い法衣を着たら[12]地獄に落ちると思いこんでおり、神の栄光と信仰流布のためなら人類の半分が他の半分を虐殺してもかまわないと思っていた。そういう人物だから、なかなか出来のよい喜劇に反対して、自分ではひどく出来のわるい書物を書いたりしたのだ。かれが反対した喜劇は連日あかるくほがらかに国王と妃のまえで演じられていたものである。博士は、ユダヤ教の律法学者《ラビ》のことばや聖ボナヴェントゥラ[13]の書いたものを断片的に引用して、ソポクレスの『オイディプス王』は悪魔の作品であること、テレンティウス[14]は事実上カトリックから破門されていたことを証明してみせた。さらに博士によれば、ブルトゥスはきわめて厳格なジャンセニストであったから、カエサルが大司祭のくせにオイディプス王を主題とした悲劇を書いたことに憤って、カエサルを殺

8　アドリエンヌ・ルクヴルール（一六九二〜一七三〇）。コメディ・フランセーズの女優。彼女の埋葬はカトリック教会によって拒否された。ヴォルテールは詩「マドモワゼル・ルクヴルールの死」を書き、教会にたいする憤りを表明した。

9　エウリピデスは紀元前五世紀、古代ギリシアの悲劇作家。ソポクレスの好敵手とされる。代表作は『王女メディア』。

10　チャールズ一世の在位は一六二五〜四九年。ピューリタンを弾圧したため、内戦が勃発。王は議会派に敗れて、公開処刑された。

11　ウィリアム・プリン（一六〇〇〜六九）。イギリスの作家。ピューリタンの立場で論陣を張る。

12　長い法衣は国教会の牧師が着る服。この箇所を逆に「法衣ではなく短い外套を」としている版もあるが、それは明らかに誤りなので訂正した。

13　ボナヴェントゥラ（一二二一〜七四）。イタリアの神学者。

14　テレンティウスは紀元前二世紀の共和政ローマの喜劇作家。

したのである。こうして博士は結論として、芝居を観に行くような者は塗油も洗礼も否定する破門者である、と述べる。これは国王と王家全体を侮辱する発言であった。イギリス人は、当時はまだチャールズ一世を尊敬していた。のちにはかれらがその首をはねることになるのだが、このときひとびとは、君主を破門するなどという話を黙って見過ごせなかった。プリン氏は星室裁判所[15]に呼び出され、自分のりっぱな本が刑吏の手によって自分の眼前で焼かれるのを見させられ、そして、自分の両耳も切り落とされた。この裁判は公式記録に載っている。

イタリアでは、ひとびとはオペラが衰退することを恐れ、オペラ歌手のセネジーノ氏やクッツォーニ夫人[16]が教会から破門されることがないように気づかっている。私としては、フランスでも、演劇に反対するために出版されたあれこれの悪書[17]は、できることなら発行禁止にしてほしい。あえてそう願いたい。なぜなら、ああいう悪書が出されていると、イタリア人やイギリス人はこんなふうに受けとるのではないか。すなわち、フランス人はとくに秀でている自分たちの芸術にたいして、たいへんな辱《はずかし》めを自分であたえている。国王が良しと保証している人物を破門している。修道士のあいだや女子修道院で上演される芝居をも、神を汚すものとして非難している。ルイ十四世やルイ十五世が俳優として舞台で演技されたことも恥ずかしいことだとしている。もっとも厳しい検閲を通過し、高潔な女王のまえで上演された戯曲を、悪魔がこしらえたものだと宣告している。外国人はフランスのことを、こんなふうに考えるのではないか。

もう一度いおう。もしも外国人が、フランスにはそうした傲慢《ごうまん》さや、国王の権威に対する尊敬の欠如や、キリスト教徒の厳格さと勝手に名づけられている中世的《ゴシック》な野蛮さがあると知ったなら、外国人はフランスのことをいったいどう思うだろう。

フランスの法律は、きわめて不道徳的と宣告されたひとつの芸術を認可している。

15　星室裁判所は国王直属の裁判所。名前はウェストミンスター宮殿の「星の間」で開かれたことに由来する。一六四一年廃止。

16　セネジーノ（一六八六～一七五八）はイタリア人のカストラート。クッツォーニ（一六九六～一七七八）はイタリア人のソプラノ歌手。ともにヘンデルのオペラを支え、ロンドンでも活躍した。

17　悪書の代表格とされるのは、ボシュエ『喜劇に関する箴言と省察』（一六九四年）。

あるいは、ある芸術は法律によって認可され、国王によって報酬があたえられ、貴族らによって育成され、どの国民によっても賞賛されているのに、きわめて下劣なものとの刻印がなされている。あるいはまた、同じ書店のなかで、フランスの演劇を激しく攻撃するルブラン神父[18]の本が、ラシーヌやコルネイユやモリエールらの不朽の名作とならべて売られている。フランスのこういう事情を外国人がはたして理解できるだろうか。

18　ピエール・ルブラン（一六六一〜一七二九）。フランスの神学者、歴史家。『喜劇論』（一六九四年）。

第二四信　アカデミーについて

イギリス人は、われわれよりもずっと前から科学アカデミーをもっていた。[1] しかし、そのアカデミーはわが国のアカデミーほどきちんと整ったものではない。そしておそらくそれはイギリスのほうが先にできたせいにすぎない。もしも、パリのアカデミーより後にできたものであったなら、その規則の良いところをいくつか採用し、ほかの部分にも手を加えてさらに改良したはずだ。

ロンドン王立協会には、人間にもっとも必要なものが二つ欠けている。それは、報酬と規律である。

パリのばあい、アカデミーの一員になることは、幾何学者や化学者にとって、ちょっとした確かな財産を意味する。ロンドンのばあいは逆で、王立協会に属するために、こちらがお金を払わねばならない。イギリスでは、「私は学術を愛する」と表明し、協会に入りたいと希望した者は、誰でもすぐに会員になれる。しかしフランスでは、アカデミーの一員になって年金がもらえるようになるには、学術を愛するだけでは不十分である。くわえて深い学識をそなえていなければならない。そして、競争相手と席を争わねばならない。競争相手は、やはり名誉と利益につき動かされ、また難関であること自体に発奮しているだけに、ますます恐ろしい存在である。しかも、相手が、計算の科学をねばりづよく研究してきた者ならではの、一徹な精神の持ち主であればなおさらだ。

パリの科学アカデミーは、賢明にも、自然の研究に範囲を限定している。じっさい、その分野だけでも十分に広く、五十人から六十人も会員がいる。いっぽう、ロンドンのアカデミーは、自然学と文学を無差別に混ぜあわせている。私が思うに、文学には文学だけのアカデミーがあったほうがいい。そうすれば混乱が生じることもない。古代ローマ人女性の髪型にかんする論文が、百個ほどの新種の曲線図形のとなりに並ぶということもなくなる。

1　イギリスの王立協会は一六六〇年に創立。フランスの科学アカデミーは一六六六年に創立。

ロンドンの協会は、規律が足りないし、報酬で研究を奨励することもまったくない。パリのアカデミーは、立場がまったく逆である。したがって、われわれのアカデミーの論文集のほうが、イギリスのものより優れているのは驚くにあたらない。よく訓練され、しかもよい給料をもらう兵隊のほうが、けっきょくは志願兵に勝るのである。たしかに、王立協会にはニュートンがいた。しかし、王立協会がニュートンを生んだわけではない。王立協会のメンバーでも、ニュートンを理解できた者はごくわずかだった。ニュートン氏のような天才は、ヨーロッパ中のすべてのアカデミーに属する。なぜなら、いずこのアカデミーもかれから多くのことを学ばねばならないからである。

有名なスウィフト博士は、アン女王の治世の終わりごろ、アカデミー・フランセーズにならって、英語のためのアカデミーを設立することを企てた。この企画には、大蔵大臣のオックスフォード伯爵も賛成した。また、国務大臣のボーリングブルック卿はさらに強くそれを支持した。ボーリングブルック卿は、スウィフトが書斎できちんと書くのに劣らぬ正確なことばづかいで、議会において即座に演説することができる才能をもっていた。だから、そういうアカデミーができたら、かれがその保護者となり、かつ、その飾りとなっていたであろう。

その会員になると目されたのは、英語が存続するかぎりその作品も生き続けるような文学家たちであった。たとえば、スウィフト博士。それからプライアー氏。このひとは全権大使としてパリに来たのでわれわれも知っているが、かれのイギリスにおける評価の高さは、ラ・フォンテーヌがフランスで得ているものにひとしい。それからポープ氏。このひとはイギリスのボワローである。それからコングリーヴ氏。このひとはイギリスのモリエールと呼んでよい。その他にも、いま名前をど忘れしてあげられないが、多くのひとがおり、かれらがそろってこの団体を、発足時からすぐに華々しく活発にするはずであった。

ところが、アン女王が急に亡くなる。ホイッグ党は、こんなアカデミーを保護する者は絞首刑にすると決めた。これは、お察しのとおり、文学にとって命取りとなった。この団体の会員になったはずのひとびとは、アカデミー・フランセーズの最初の会員たちよりもはるかにすぐれていた。スウィフト、プライアー、コングリーヴ、ドライデン、ポープ、アディソンなど、かれらは自分が書いた作品によってイギリスの言語を確立したひとびとであった。いっぽう、フランスのアカデミーの最初の会員たち、すなわち、シャプラン、コレテ、カッサーニュ、ファレ、ペラン、コタン[2]といった面々はフランス国民の恥であり、その名前そのものが笑いを招く。だから、才能のある作家でも、たまたま不幸にしてシャプランとかコタンといった名前の者は、改名せざるをえないほどである。

イギリスのアカデミーは、熱心におこなうべしとされるものが、フランスのアカデミーとまったく異なる。これがとくに必要なことであった。

ある日、この国のひとりの知識人が私に、アカデミー・フランセーズの論文集を読んでみたいと言った。「あそこの会員は論文など書きません」と私は答えた。「だから論文集はありませんが、お世辞の演説を並べた文集なら六十冊から八十冊もあります」この知識人はそのうちの一、二冊を読んでみて、音《ね》を上げた。その文体がさっぱり理解できないと言うのだ。かれはフランスのすぐれた作家の作品は、どれもちゃんと理解できるひとだったのだが、この文集は理解できなかったのである。かれは言う。「美しい演説のかずかずから私がなんとなく読みとったのは、こんな段取りです。つまり、アカデミーの新会員は、まず、自分の前任者が偉大な人物であったと断言する。

さらに、リシュリュー枢機卿がきわめて偉大であったこと、セギエ大法官もかなり偉大であったこと、ルイ十四世がこのうえなく偉大であったことも断言する。つぎに、会長が新会員に答えて、同じことばをくりかえす。そして、新会員もやがて偉大な人物のひとりに加わるであろうし、また、会長である私自身もそうなりたいものである、と述べる」

こうした演説のほとんどすべてがこの団体の名誉にはならなかった。どういう因果でそうなったのかは、容易に見てとれる。誰かのことばにもあるとおり、「それはひとのせいではなく時代のせいである」アカデミー会員が入会のさいにかならずこうした賛辞を述べるのは、いつのまにかしきたりと化した。聴衆をうんざりさせるのが、一種の掟のようなものとなった。

きわめてすぐれた天才がこの団体に入るときにおこなった演説は、しばしばきわめ

2　このなかで、ペランはアカデミー会員ではない。ジャン・シャプラン（一五九五～一六七四）、ギヨーム・コレテ（一五九八～一六五九）、ジャック・カッサーニュ（一六三三～七九）、ニコラ・ファレ（一六〇六～四六）、ピエール・ペラン（一六二〇～七五）、シャルル・コタン（一六〇四～八一）。

て型破りな熱弁だったりする。それはなぜだろうか。理由はなおいっそうかんたんである。それは、自分が輝きたいからであった。かれらは使い古しの素材を、まったく新しい観点であつかおうとしたからであった。これにたいし、とにかく何かをしゃべる必要があること、でも語りたいことが何もないので弱っていること、それでいて知性があるところを見せたいこと、この三つがそろうと、どんなりっぱな人間をもバカっぽくしてしまう。新しい考え方を見つけだすことができないので、かれらは新しい言いまわしを探し求めた。かれらは何も考えずに、ただしゃべる。むなしく口だけもぐもぐ動かしているありさまは、飢えて死にそうになりながら何かを食べているふりをしている人間さながらだ。

アカデミー・フランセーズは、こうした演説のすべてを印刷させるのを決まりにし、それによってのみ存在が知られている。しかし、むしろ、そんなものはけっして印刷しないことを決まりとすべきであろう。

フランスの文芸アカデミー[3]は、もっと賢明で、もっと有益なことを目標として掲げた。それは、知的好奇心をみたす研究や批評をたくさん載せた論文集を出すことである。いまやすでに文芸アカデミーの論文集は外国で高く評価されている。ただ、欲を言えば、いくつかの題材についてはもっと深めてほしかったし、逆にまた、まったく題材とするにたりないものもあった。たとえば、正確なタイトルは忘れたが、左手にたいする右手の優位を論じたものとか、タイトルはさほどナンセンスではないが内容のくだらなさでは負けていない研究などは、やはりないほうがよかった。

科学アカデミーは、なおいっそうむずかしい研究、そしてその有用性がさらに一段と明瞭な研究をおこなっている。このアカデミーは、自然の認識と技術の向上を領分とする。ものごとを深く、持続的に研究すること、計算を正確におこなうこと、微細なものを発見すること、大きな視野をもつこと、こういうことがけっきょくは世界の幸せのために役立つ何かを生みだす。われわれはそう信じてよいだろう。

今日までのところ、人類にとってもっとも有益な発見は、もっとも野蛮な時代にお

3　碑文・文芸アカデミーは、アカデミー・フランセーズや科学アカデミーと並ぶフランスの王立アカデミーのひとつ。一六六三年、コルベールが創設。

いてなされた。このことはわれわれが、いっしょに観察してきたとおりである。[4]どうやら、もっとも文明的な時代ともっとも学識のある団体の役割は、無知なひとびとが発明したものについて理屈をこねることにあるようだ。

今日、われわれが船の竜骨《キール》［船の中心線］にたいする舵《かじ》の最適な角度の決め方を知っているのは、ホイヘンス氏とルノー氏[5]の長きにわたる論争のおかげである。しかし、クリストファ・コロンブスはそういう角度の最適値などまったく知らないのに、アメリカを発見したのであった。

このことから私は、やみくもに実践することだけを大事にすべきだと言いたいのではない。ただ、自然科学者や幾何学者も、抽象的な理論と具体的な実践をできるだけ絡みあわせていただければ幸いである。

人間の知性にとって最大の名誉となることが、しばしばほとんど何の役にも立たないものだったりする。それでいいのだろうか。人間は、算数の四則と世間の常識を知っていれば、りっぱな商人になれる。ジャック・クールとか、デルメとか、ベルナールのような大商人にもなれる。[6]いっぽう、数学者はあわれにも数字に埋もれて一生を費やす。数字のあいだの驚くべき関係や特性を探求するのだが、それは何の役にも立たない。数学者は数字を研究しても、為替がどういうものなのか、さっぱりわからぬままだろう。

学芸というのはどれも、だいたいこういうものなのである。研究は、ある線を越えると、もはや好奇心のためだけのものになってしまう。天才によって獲得され、しかも何の役にも立たない真理は、宇宙のかなたの星のようなものだ。われわれからあまりにも遠すぎて、その光はわれわれにまったく届かない。

アカデミー・フランセーズについてもそうだ。毎年のお世辞の演説などを印刷したりせずに、ルイ十四世の時代のすぐれた作品を、文中にまぎれこんだことばづかいの

4　第一二信の中間あたり。
5　ベルナール・ルノー（一六五二〜一七一九）。フランス海軍の技師。『船舶操縦論』（一六八九年）。
6　ジャック・クール（一三九五〜一四五六）は才覚で財をなし、フランス宮廷の御用商人となる。ピーター・デルメ（?〜一七二八）はイギリスの商人で、ロンドン市長にもなった。サミュエル・ベルナール（一六五一〜一七三九）はパリの布商人から出発し、ヨーロッパで一番の金持ちになる。

誤りをすべて正して、印刷したならば、それはフランスの文学にとって、フランスの言語にとって、フランスの国民にとって、どんなに役立つことだろう。

ことばづかいの誤りは、コルネイユにも、モリエールにもたくさんある。ラ・フォンテーヌにいたっては、誤りだらけだ。誤りを訂正することができないばあいでも、少なくとも誤りの指摘はしておくとよい。そうすれば、ヨーロッパのひとびとは、こうした作家たちの作品を読みながら、安心して正しいフランス語を学ぶことができる。フランス語の純正な規範も、このとき永遠のものとして定まるだろう。フランス語で書かれた良書のシリーズが、こうした配慮のもとに国王の負担によって出版されれば、フランス国民のもっとも輝かしいモニュメントのひとつとなるであろう。

私の聞いたうわさでは、同じような提案がかつてデプレオー氏によってなされ、その後も、才知と聡明さと健全な批判精神をそなえた人物によってふたたびなされたそうである。しかし、このアイデアも、その他多くの有益な提案と同じ運命をたどった。すなわち、最初は誉められ、それから放置された。

第二五信　パスカル氏の『パンセ』について

パスカル氏の『パンセ』について、私がずっと前から書きとめてきた批判的な注釈をあなたに送る。批判的だからといって、けっして私をヒゼキアみたいに見ないでほしい。ヒゼキアはソロモンの書をすべて焼き捨てさせようとした。[1] 私はパスカルの天才と雄弁を尊敬する者である。しかし、パスカルを深く尊敬するだけに、私は、かれなら自分の考え《パンセ》の多くを自分で訂正したにちがいないと、深く確信する。かれは自分の考えを、思いつくままに紙に書き散らし、あとから自分で検討するはずだったのだと思う。そこで、私はかれのすばらしい才能に敬服しながらも、かれの考えのいくつかと格闘するのである。

私が思うに、パスカル氏が『パンセ』を書いたモチーフは、おしなべて、人間を醜悪なものとして示すことにあった。かれは、われわれ人間がみんな邪悪で、みんな不幸であることをむきになって描く。かつてイエズス会士を非難したのとほとんど同じ書きぶりで、人間の本性を非難する。一部の人間にしかあてはまらないことを、それが人間性の本質だとする。

私は、このご大層な人間嫌いにたいして、あえて人間性を擁護する側に立つ。われわれはかれが言うほど邪悪でも不幸でもない、とあえて断言する。さらに私は、こう確信している。もし、かれが『パンセ』で表明した計画を、そのあとに出そうとしていた書物でも受けついだならば、その書物はきっと、雄弁に語られた背理と見事に演繹された虚偽にみちたものとなっただろう。

近ごろも、キリスト教の真理を立証するためにいくつか本が出された。[2] が、こうした本はすべて、ひとを正しく導くのでなく、むしろ誤りへ導くとさえ私には思われる。こうした本の著者たちは、自分はイエス・キリストや使徒たちよりもキリスト教のことを知っているとでも言うのだろうか。それはちょうど、樫の大木を支えたいと思って、その木を何本かの葦《あし》で囲むようなものだ。そんな役にも立たない葦など、引き抜いても、大木を損ねる心配はまったくないだろう。

以下、私はパスカルの考え《パンセ》のいくつかを、ひかえめに選び出した。[3] まずそれを引用し、そのあとに私の反論をならべておく。私の反論はまちがっているのか、それとも正しいのか、判断はあなたにおまかせする。

1　ヒゼキアはユダ王国の王で、「主の目にかなう正しいことをすべておこなった」（列王記下一八の三）。ドン・カルメの『聖書注解』（一七〇七〜一七年）のその該当部分の解説によれば、その正しい行為には焚書もふくまれるとする解釈も多い。ソロモンの知恵は病気の治し方などで民衆の心をとらえ、主への帰依をおろそかにさせるからだ。

2　例えば、クロード・ウットヴィル『事実によって立証されたキリスト教』（一七二二年）。宗教的寛容を否定する。

3　ヴォルテールが使用したのはポール・ロワイヤル版の『パンセ』である。引用文の前の行末に、ポ数字でその番号を示した。加えて参考のために、ブ数字でブランシュウィック版の番号、ラ数字でラフュマ版の番号を示した（この二つの版はポール・ロワイヤル版と文章が微妙に異なる）。

［ポ三の一　ブ四三〇　ラ一四九］

一

人間の偉大さとみじめさは、たいてい外見で判断される。だからこそ真の宗教は、人間の内面に偉大さの元とみじめさの元がどちらも同時に存在することを、われわれに教えるものでなければならない。なぜなら、真の宗教は人間の本性の奥まで知っていなければならないからである。すなわち、人間の本性の偉大な点をすべて、そのみじめな点もすべて、また、そのそれぞれの理由を知っていなければならない。さらに、真の宗教は、人間の内面でそうしたものが同時に存在する驚くべき矛盾を説明しなければならない。

この論法はまちがっており、危険でもあるように思われる。なぜなら、こうした明白な矛盾についての説明なら、ギリシア神話にあるプロメテウスとパンドラの物語や、[4]プラトンが語った両性具有者《アンドロギュヌス》の話や、シャム人の教え[5]などを使っても上手になされるだろう。自分の才気をひけらかすことにしか役立たないような、こんな巧妙な結論をひっぱりださなくても、キリスト教がやはり真の宗教であることに変わりはあるまい。キリスト教がひとに教えるのは、単純素朴であること、人間らしくあること、慈愛の心をもつこと、それだけである。であるのに、キリスト教を形而上学のレベルに引き下げようとするのは、それを誤りの源泉にしてしまおうとするにひとしい。

二　〔ポ三の一　ブ四三〇　ラ一四九〕

これを踏まえて、われわれは世界のすべての宗教を吟味しよう。キリスト教以外に、先の条件を満たす宗教があるかどうか、見てみよう。

われわれの内にある善が善のすべてだとする哲学者たちの教えが、それなのだろうか。はたしてそれは真の善なのだろうか。かれらは、われわれの悪にたいする救済を見つけだしただろうか。人間を神に等しいものにすることは、人間の思い上がりを癒《いや》しただろうか。また、人間を野獣に等しいものに

4　プロメテウスは人類に火をあたえた。パンドラは人類に災いをもたらすためにつくられた女性である。

5　マハ・マーヤが処女懐胎して産んだソモナ・コドムは、シャムを救う神となる。コドムの弟テヴタットは邪悪だったので、地獄へ落ちた。

し、地上の快楽こそが善のすべてであるとわれわれに教えたかたがたは、われわれの情欲に癒しをもたらしただろうか。

哲学者はけっして宗教を教えたりしなかった。かれらの哲学と戦うのは、筋ちがいだ。自分は神から霊感を受けたと言う哲学者など、いまだかつていたためしがない。なぜなら、そう言った瞬間から、かれは哲学者ではなくて預言者になってしまうからである。イエス・キリストがアリストテレスよりもすぐれているかどうか、そんなことはどうでもいい。大事なことは、イエス・キリストの宗教こそが真の宗教であると証明すること、異教徒の宗教、つまりその他のあらゆる宗教がニセの宗教であると証明することである。

三　［ポ三の八　ブ四三四　ラ一三一］

にもかかわらず、何にもまして不可解なこの神秘がなければ、われわれはわれわれ自身にとって不可解なものとなる。われわれのありようを解くための結び目は、それをねじったのも折ったのも人間の原罪の深部でなされた。だからこそ、この神秘が人間にとって不可解である以上に、この神秘がなければ人間はさらに不可解なのである。

「不可解な神秘がなければ人間は不可解である」なんて、理屈になっているのか。どうして理屈にならない点で聖書を超えたがるのか。聖書にも何らかの支えが必要だとか、哲学的な思想がその支えとなりうる、などと思うのは、とんでもない思い上がりではないのか。

パスカル氏は、ひとからつぎのようなことを言われたら、はたしてどう返答しただろうか。

「私の知識では、原罪の神秘は私の信仰の対象であって、私の理性の対象ではありません。私は神秘なしでも、人間が何であるか、十分に理解しています。

「私の知るかぎり、人間はほかの動物と同じようにして、この世に生まれてきます。母体が繊細であればあるほど、分娩は苦痛が増します。人間の女性や動物の雌は、出産のさいに死ぬこともある。感覚器官のいずれかや頭脳の能力に欠陥をかかえ、身体の機能が十全でない子どもが産まれることもある。肉体がきわめて丈夫な人間は、情欲もきわめて激しい。自己愛はすべての人間に平等にそなわるものであり、人間にとって五感と同じくらい必要なものです。この自愛心は、人間の存在がずっと保たれるように、神がわれわれにあたえたものですが、神はまた、人間の自己愛を抑制するために、われわれに宗教をあたえたのです。われわれのいだく観念が、正当なのか見当ちがいなのか、あいまいなのか明瞭なのかは、われわれの身体器官が丈夫なのかどうか、繊細なのかどうか、またわれわれの情欲が激しいかどうかに依存します。われわれは何ごとについても、自分のまわりの空気、自分が食べる食物に強く影響されます。そして、以上のこと全体に、矛盾はひとつもありません。

「あなたは謎解きを楽しむために、人間をひとつの謎とされておられるが、人間はけっして謎ではありません。人間は、自然のなかで人間が占めるべき位置に、ちゃんといるようです。すなわち、身体器官が似ている動物たちよりは上位に、おそらく思考をする点で似ているほかの存在よりは下位にいるようです。

「人間は、われわれが出会うあらゆるものと同様、悪と善、快と苦の混合なのです。人間は行動を起こすために情欲をそなえ、行動を制御するために理性をそなえています。もしも人間が完全であったら、人間が神になってしまう。いわばこうした対立関係、あなたはそれを矛盾と呼びますが、この対立のかずかずが、人間という合成物に入っていなければならない必須の成分なのです。そして、対立の混合こそが人間本来のあるべき姿なのです」

四　［ポ三の一一～一三　ブ四三〇、四一七　ラ一四九、六二九］

自分の心の動きを追ってみよう。自分自身を観察しよう。そして自分のなかに、この二つの本性それぞれの生々《なまなま》しい特徴が見てとれないか、しらべてみよう。

こんなにたくさんの矛盾が、たんなる一個の主体のうちに見出されるものだろうか。

人間の二重性はあまりにも明白なので、われわれには魂が二つあると考えたひとたちもいる。かれらには、単一の主体が突然の大変化をしめすこと、たとえば、とんでもない思い上がりが恐ろしいほどの落ち込みに変わることなど、ありえないと思われたのである。

われわれの多様な意志は、自然においてはけっして矛盾ではないし、また、人間はけっしてたんなる一個の主体ではない。人間は無数の器官の合成体である。もしも、これらの器官のたったひとつでも少し具合が悪くなると、脳が受けとるものごとの印象全体も必然的に変わる。そのとき、この動物はあたらしい思想とあたらしい意志をもつようになる。

じっさい、われわれはあるときは悲しみに打ちひしがれ、あるときはうぬぼれでふくれあがる。われわれは相反する立場におかれたとき、当然、相反する感情をいだくことになる。ご主人にかわいがられて食物をもらっている動物と、解剖されるためにゆっくりと巧妙に殺されていく動物とでは、まったく正反対の感情をいだく。われわれもこれと同様である。われわれのあいだにある差違はほとんど矛盾とはいえず、差違は存在しないということこそが矛盾であろう。

われわれには魂が二つあると主張したバカ者たちは、同じ理屈で、魂は三十も四十もあると主張することさえできたはずだ。というのは、きわめて激しい情欲の持ち主は、しばしば同一の対象に三十も四十もの異なる観念をいだくし、そして、その対象が異なる様子を見せるたびに、どうしても異なる観念をいだかざるをえないからである。

パスカルのいわゆる人間の「二重性」なるものは、抽象的であると同時にバカげた観念である。それを言うぐらいなら、私はこう言いたくなってしまう。すなわち、犬は、かみつくこともあるし、じゃれたりもするから二重性がある。にわとりは、ひよこの世話をしていたかと思うと、あとでは放置して見わすれたりするから二重性がある。鏡は、いろんなものを映しだすから二重性がある。樹木は、たくさんの葉を茂らせたり、たくさんの葉を落としたりするから二重性がある。

人間は不可解であること、それは私も認める。しかし、不可解であるのは人間にかぎらず、自然界のすべてがそうである。人間には歴然とした矛盾がたくさんあるが、ほかのすべての存在がかかえる矛盾よりも、とくに多いというわけではない。

五

〔ポ七の二　ブ二三三　ラ四一八〕

神が存在するほうに賭けないのは、神が存在しないほうに賭けることなのだ。さあ、どちらを選ぶ。神は存在すると信じる側に立って、損得を計ってみよう。もしも勝ちなら、すべてを獲得できる。負けても、失うものは何もない。ならば、ためらうことはない。神は存在するほうに賭けなさい。――よし、それなら賭けねばならんが、しかし、こちらの賭け金はあまりにも多すぎるのではないか。――いやいや、勝つも負けるも運は同じ。だから、一個の生命を賭けて、得られるものが生命二個分にすぎないとしても、賭けて損することはない。

「神が存在するほうに賭けないのは、神が存在しないほうに賭けること」だというが、これは明らかにまちがっている。なぜなら、神の存在についてまだ疑念をもち、もっとはっきりしたことを知りたいと思っている人間は、きっと、そのどちらにも賭けないからである。

おまけに、この断章はいささか品がなく、しかも幼稚だ。賭けとか損得といった観念は、テーマの重たさにまったくそぐわない。

さらにまた、ある存在を信じるのが私の利益になると言われても、それでその存在が証明されたことにはならない。かりにあなたが私に、自分の言うことを信じてくれたら世界の支配権をさしあげる、と言ったとしよう。そのとき私は心底から、あなたの言うことが正しければいいのにと願う。しかし、あなたが私にそれを証明してみせるまで、私はあなたの言うことを信じることができない。

パスカル氏は逆にひとからこんなふうに言い返されるかもしれない。――とにかく、まず最初に、私の理性を説き伏せてほしい。もちろん、私も、神は存在してくれたほうがありがたい。しかし、あなたの体系では、神はきわめて少数の人間のためにしか来てくれないみたいです。そして、神に選ばれた少数者はきわめて恐ろしいひとたちのようです。そして、私は自分だけではまったく何もできないみたいです。もし、こうしたことがそのとおりなら、私があなたの言うことを信じて、いったいどういう御利益があるのでしょう。どうか、それを教えてほしい。私にとっては、むしろ反対のことを信じたほうが明らかに利益があるのではないですか。あなたは、いったいどんな顔をして、私にむかってぬけぬけと無限の幸せを語ってみせるのですか。無限の幸せなんて、それを夢見る権利さえも、百万人にひとりがもてるかどうかではありませんか。もし、私を説得したいのであれば、ほかのやり方でやってほしい。運だめしだとか、ギャンブルだとか、メダルの表か裏かだとか、そんな言い方はしないでほしい。私が進みたい道、私が進むべき道に、いばらを撒《ま》き散らして私を怖がらせないでほしい。あなたの入り組んだ言いまわしの迫力のなさにくらべると、自然の声は迫力があり、その自然全体が「神は存在する」と叫んでくれています。もしも、その声がなかったなら、あなたの論法はもっぱら無神論者をつくるのに役立つだけでしょう。

六

［ポ八の一　ブ六九三　ラ一九八］

人間は目では何も見えず、みじめである。人間の本性の驚くべき矛盾は隠しようがない。宇宙は静まりかえる。人間は頼る光もなく、孤独のまま放置され、宇宙の片隅で迷子になったかのようだ。誰が自分をここに置いたのか。自分はここへ何をしに来たのか。ここで死んだらどうなるのか。何もわからずにいる。人間のこうしたようすを眺めると、私はぞっとしてしまう。それはあたかも、眠っているあいだに恐ろしい無人島に運ばれて、目が覚めても自分がどこにいるかわからず、そこを脱出するいかなる手段ももたずにいるみたいなものだ。だから私は、これほどみじめな状態にあるひとびとが絶望に陥らずにいることに感心してしまう。

この省察を読んでいるとき、私は一友人から手紙を受けとった。はるか遠い国にいる友人である。手紙にはこう書いてあった。

「私のここでのようすは、あなたとおわかれしたときのままです。前より快活でも陰鬱でもありません。前より金持ちにも貧乏にもなっていません。体は健康そのものです。生活を快適にするものはすべてそろっています。色恋もなく、とくに倹約する必要もなく、野心もなく、ひとを妬むこともない。すべてがずっとこのままなら、私はそれこそ自分で自分をたいへんな幸せ者と呼びたい」

このひとと同じくらい幸せなひとはたくさんいる。そのあたりは人間も動物も同じだ。犬だって、飼い主の奥さんといっしょに寝て、いっしょに食事をする犬もいる。いっぽう、焼き串を回転させる回し車で走り続けて、それで満足している犬もいる。

また、狂犬となって、殺されてしまう犬もいる。

私はといえば、こうやってパリやロンドンを見渡しても、パスカル氏のいう絶望とやらに陥らねばならない理由がひとつも見えてこない。私の目に見える街は、無人島とまったく似ていない。ひとがたくさんいるし、ものは豊かだし、洗練されている。そこでは、ひとは人間が人間であることで得られるかぎりの幸せを得ている。

どうすれば神と直に出会えるか、その方法がわからないからといって、また、自分の理性では三位一体の神秘が解明できないからといって、絶望のあまり首をくくろうとする賢者は、いったいどういう賢者なのか。そんなことで絶望するなら、自分に足が四本ないことや翼がないことでも絶望しなければなるまい。

いったい、どうしてわれわれは自分の存在を嫌悪しなければならないのか。われわれの存在は、けっしてかれがわれわれにそう思いこませたがっているほど不幸ではない。宇宙を牢獄と見なしたり、すべての人間をやがて処刑される罪人と見なしたりするのは、狂信者の観念である。この世は楽園であり、ひとは快楽のみに生きるべきだと思うのは、道楽者の夢想である。この世界も人間も動物も、すべて摂理の定めのもとに存在していると考えるのが、私が思うに、まさしく賢人の考え方なのである。

七

［ポ八の一　ブ六一九　ラ四五四］

ユダヤ人はこう考える。神はけっしてほかの民族を永遠にこの闇のなかに放置したりはしない。すべての人間のために解放者が来るであろう。ユダヤの民はそれをひとびとに知らせるためにこの世にいるのだ。かれらは、この偉大なできごとの先触れをするために、また、すべての民族に、自分たちといっしょに解放者の到来を待とうと呼びかけるために、とくべつにつくられた民なのだ。

ユダヤ人たちは昔からずっと解放者を待ちつづけてきた。しかし、その解放者はかれらのための解放者であって、われわれのための解放者ではない。かれらは、ユダヤ人をキリスト教徒の支配者にしてくれるメシアを待っているのだ。いっぽう、われわれはメシアがいつかユダヤ人をキリスト教徒に組み入れてくれることを期待している。つまり、かれらは、われわれの考えとまったく正反対のことを考えているのである。

［ポ八の一　ブ六二〇　ラ四五二］

八

このユダヤ民族を治める律法は、そのすべてが世界でもっとも古く、しかももっとも完璧な法律であり、一国においてとだえることなく守られつづけた唯一の法律である。このことはユダヤ人のフィロン[6]があれこれの書きもので示し、ヨセフス[7]が『アピオーンへの反論』において見事に示したものである。それによれば、ユダヤ人の律法はきわめて古く、法律ということば自体、それから千年以上もたってようやく古代の諸民族に知られるようになった。であるから、ホメロスはかずかずの民族について語っていても、法律ということばは一度も使っていないのである。また、ユダヤ人の律法が完璧なものであることは、一読しただけですぐにわかる。その律法では、すべてのことがらについて十分な知識と公正さと分別をもって、備えがなされている。だからこそ、多少それに通じていたギリシアやローマの最古の立法者は、自分たちの主要な法律にそれを借用した。このことは、かれらが「十二表法」と呼んでいる法律や、ヨセフスが挙げているその他の証拠によって明らかである。

ユダヤ人の律法が世界でもっとも古いというのは、まったくのまちがいだ。なぜなら、かれらの立法者モーセが出る以前、かれらはエジプトに住んでおり、そのエジプトは賢明な法律をもっていたことで世界でもっとも有名な国だからである。

法律ということばが、ホメロスの後にようやく知られるようになったというのも、まったくのまちがいだ。じっさい、ホメロスはミノス[8]の法律について語っている。法律ということばはヘシオドス[9]も使っている。そして、かりに法律ということばがヘシオドスにもホメロスにもなかったとしても、そのことは何の証拠にもならない。国王

6　アレクサンドリアのフィロンとも呼ばれる紀元前一世紀ごろの哲学者。
7　フラウィウス・ヨセフスは一世紀のローマの著述家で、『ユダヤ戦記』や『ユダヤ古代誌』なども著す。
8　ミノスはギリシア神話に出てくるクレタ島の王。法を制定し、善政をしいたとされる。
9　ヘシオドスは紀元前七〇〇年ごろの古代ギリシアの詩人。『仕事と日』『神統記』の作者。

や裁判官がじっさいにいたのであるから、法律はあったのである。

ギリシア人やローマ人はユダヤ人の律法を借用した、というのもまったくのまちがいだ。それがかれらの共和国の発足時の話なら、それこそありえない。なぜなら、その当時かれらはユダヤ人の存在を知らなかったからである。また、それが共和国の隆盛期の話なら、それもやはりありえない。なぜなら、その当時かれらがユダヤ人を野蛮な民族として蔑視していたことは、世界中で知られていたことだからである。

九

［ポ八の二　ブ六三一、六三〇　ラ四五二、四九七］

ユダヤ民族は純真さでも賞賛にあたいする。かれらはずっと神への感謝を知らない民であったとモーセの書によって断じられているのに、かれら自身はその書を愛し、忠実に守ってきた。モーセが言うには、自分はこの民族が自分の死後なおいっそう神に背くようになることを知っている。しかし、自分はそのことをすでに十分かれらに告げた。天と地をその証人とした。ついには、神は憤って、この民を地上のすべての民族のあいだに四散させるであろう。この民はかれらのものでない神々をあがめて神を憤らせた。そこで神は同じように、自分のものではない民を呼びだして、かれらを憤らせるであろう。モーセはそう宣告した。

ところが、かれらの名誉をこれほどさんざん傷つけているこの書を、かれらは命がけで守っている。このような誠実さは、世界に類例がなく、自然にも根ざしていない。

このような純真さは、いたるところに類例があるし、その根はまさしく自然のうちにある。ユダヤ人はみんな自尊心があるので、こう考えたがっているのだ。すなわち、自分たちが滅ぼされたのは、けっして自分たちの政治がダメだったからでも、自分たちが学芸に無知だからでも、自分たちが粗野だからでもない。自分たちを罰したのは、神の怒りである。かれらは、自分たちを倒すにはいくつかの奇跡が必要であったとか、神に罰せられている自分たちこそ、やはり神にもっとも愛されている民族なのであるとか、そんなふうに考えて満足している。

フランス人はどうだろう。説教師が壇上に登って、こう語りかけたとする。「あなたたちはじつに情けない。度胸もないし規律も守れない。ホッホシュテットでもラミリー[10]でも戦いに敗れたのは、あなたたちは自分で自分を守ることができなかったからだ」こんなことを言う説教師は石を投げつけられるだろう。しかし、こう語りかけたらどうだ。「あなたたちは神に愛されるカトリック教徒である。あなたたちは恥ずべき罪をいくつか犯して神の怒りを招いた。だから、神はホッホシュテットやラミリーであなたたちを異端者らの手に渡された。しかし、あなたたちが主のもとへ戻ったので、主はドゥナン[11]においてあなたたちの勇気を祝福された」こんなことばを語る説教師は聴衆から愛されるであろう。

［ポ九の三　ブ四七九　ラ六一八］

一〇

もしも神がいるとするならば、その神のみを愛すべきであり、神がつくったものを愛すべきではない。

神がつくったものを愛さなければならない。しかも、心から愛さなければならない。

自分の祖国を、妻を、父を、子どもを愛さなければならない。それらはほんとうに深く愛さなければならないものであるからこそ、神は、われわれがわれ知らずそれらを愛してしまうようにしておられる。これに反対する原理は、たんに野蛮な理屈屋をつくることにしか適さない。

一一　　　　　　　　　　　　　　　　　　〔ポ九の五　ブ四七七　ラ四二一〕

われわれは生まれつき不正である。なぜなら、誰もが自分中心だからである。これはおよそ秩序というものに反する。全体のことを中心としなければならない。自分を中心にすることは、戦争においても、政治においても、経済においても、とにかくあらゆることにおいて混乱の発端となる。

10　どちらもスペイン継承戦争においてフランス軍が敗れた戦場（一七〇四年と一七〇六年）。
11　ドゥナンはスペイン継承戦争でフランス軍が勝利した戦場（一七一二年）。

自分中心というのは全体の秩序にかなうものである。そもそも自己愛がなければ社会というものも形成されず、存続もしえない。それは、性欲がなければ子どもはつくれず、食欲がなければわが身を養う気にもなれないのと同様である。自分自身を愛することが他者を愛することの支えなのだ。われわれが互いに相手を必要とすることで、われわれは人類にとって有用となる。それこそがあらゆる交易の基礎であり、人間の永遠の絆《きずな》である。それがなければ、技術はひとつも発明されず、十人ほどの社会さえ形成されなかっただろう。

この自己愛を、いずれの動物も自然から受けとった。そして、まさにこの自己愛がわれわれに他者の自己愛を尊重せよと告げる。法律が自己愛を取り締まり、宗教が自己愛を昇華させる。

なるほど、たしかに神は、自分がつくったものたちがもっぱら他者の幸せのみを考えるようにすることもできただろう。神が人間をそんなふうにつくったら、商人は慈善の心でインドに行き、石工は隣人を喜ばせるために石を切っただろう。しかし、神はものごとをそういうふうには定めなかったのである。神がわれわれにあたえた本能を非難するのはやめよう。本能は、神が命ずるとおりに行使しよう。

［ポ一〇の一二　ブ五七一　ラ五〇二］

一二

預言の霊的な意味は隠されているが、それがひとを誤りにみちびくことはありえなかった。それを誤解したのは、ユダヤ人のようにきわめて肉的な民族のみであった。

なぜなら、豊かな富が約束されているとき、それを地上の富に限定して、真の富の理解を妨げたのは、貪欲さにほかならなかったからだ。

正直な話、地上でもっとも霊的な民族であっても、はたしてユダヤ人とはちがう解釈をしただろうか。ユダヤ人はローマ人の奴隷であった。かれらは自分たちを勝利者にしてくれる解放者を待っていた。エルサレムを世界中があがめるようにしてくれる解放者を待っていた。そのかれらに、どうしてあのみすぼらしい、しかも十字架で処刑されたイエスが、待ち望まれた征服者であり、君主であると、自分たちの理性の光で見抜けただろうか。モーセの十戒も霊魂の不滅だけは語っていないのに、どうしてかれらに、自分たちの都の名前がそのまま天上のエルサレムだと理解できただろうか。どうして、ひたすら自分たちの律法を大事にしている民族が、上から光がさしたわけでもないのに、自分たちの律法ではないかずかずの預言を聞いて、そこにひとつの隠れた神を認めることができたりするだろうか。しかも、この隠れた神は、割礼をしたユダヤ人の姿をしているが、かれの新しい宗教では、ユダヤの律法の神聖な基礎である割礼と安息日がおぞましいものとして否定されたのだ。

パスカルも、ユダヤ人のあいだに生まれたならば、ユダヤ人と同じように誤解したであろう。もう一度言う。神の神秘の闇に分け入ろうなどと考えずに、神をあがめよう。

一三

［ポ一〇の一三　ブ七五七　ラ二六一］

イエス・キリストの最初の来臨の時期は予告されたが、第二の来臨の時期はまったく予告されない。なぜなら、第一の来臨はひそかなものでなければならなかったが、第二の来臨は光り輝き、敵でさえそれと認めざるをえないほど明白なものでなければならないからである。

イエス・キリストの第二の来臨の時期は、第一の来臨よりもさらにはっきりと予告されていた。パスカル氏はどうやらお忘れのようだが、ルカ福音書第二一章で、イエス・キリストははっきりとこう語っている。

「エルサレムが軍隊に包囲されるのを見たら、滅亡は近いと悟りなさい。……エルサレムは踏みにじられる。それから、太陽と月と星にしるしがあらわれる。海は荒れ狂い、激しくどよめく。……天体は揺り動かされる。そのとき、大いなる力と大いなる栄光をもって、ひとの子が雲に乗ってやってくるのを、ひとびとは見るであろう」

これは、第二の来臨をはっきりと予告するものではないのか。しかし、その来臨がまだまったくないからといって、われわれはけっして大胆にも神の摂理に疑いをはさむようなことをしてはならない。

一四

［ポ一〇の一八　ブ六〇七　ラ二八七］

メシアは、肉的なユダヤ人の考えによれば、この世の偉大な君主であるはずである。肉的なキリスト教徒の考えによれば、メシアが来たのは、われわれがもはや神を愛さなくてもすむようにするためであり、われわれぬきですべてがとりおこなわれる秘跡をわれわれにさずけるようにするためである。しかし、そんな考えはキリスト教でもなければ、ユダヤ教でもない。

この文章は、キリスト教的な省察というより風刺である。なるほど、かれがイエズス会を槍玉にあげていることはすぐにわかる。しかし、ほんとうにイエズス会の誰かが、イエス・キリストの来臨は、われわれがもはや神を愛さなくてもすむようにするためであったなどと言っているのか。神の愛をめぐる論争[12]も、たんなることばの争いにすぎない。その他の学問上の論争も大半はそういうものであったが、それでもこうした言い争いはきわめて激しい憎悪とたいへんに恐ろしい不幸を招きよせた。

この文章には、もうひとつ欠点がある。それは、メシア待望がユダヤ人における宗教の要点であったと想定していることである。メシア待望は、ユダヤ人の気持ちを慰めるものとして、この民族のあいだに広がっていた考え方にすぎない。もちろん、ユダヤ人は解放者があらわれるのを望んでいた。しかし、それはユダヤ人にとって信仰の規準として、信じることを命じられていたものではなかった。ユダヤ人の宗教は、律法の書のなかにすべて含まれていた。預言者たちが、ユダヤ人から立法者と見なされることはけっしてなかったのである。

一五　　　　　　　　　　［ポ一三の二　ブ六四二　ラ二七四］

預言を吟味するには、解釈をしなければならない。もし、そこにひとつの意味しかないと思われるのであれば、メシアが来なかったのは確かである。しかし、二つの意味があるならば、メシアがイエス・キリストとして来たことは確かである。

12　パスカルが支持したポール・ロワイヤル派（ジャンセニスト）は神の恩寵の絶対性を説き、イエズス会は人間の自由意志を肯定した。

キリスト教は、あやしい証明など必要としないぐらい、りっぱに正しい宗教である。この神聖で、しかも理にかなった宗教であるキリスト教の土台をゆるがすものが、かりにあるとしたら、それはパスカル氏のこうした考え方だろう。

氏によれば、聖書のことばにはすべて二つの意味がある。しかし、不幸にして疑り深い人間は、氏にむかってこう言うかもしれない。

「自分のことばに二つの意味をもたせるのは、ひとを騙《だま》そうとする人間だ。だから、そんな二枚舌はかならず法律で罰せられる。なのに、どうしてあなたは、人間のあいだでは罰せられること、嫌悪されることが神には認められると、顔を赤らめもせずに言えるのか。いや、ことばに二つの意味があるというのが、異教徒の神のお告げのことだったなら、あなたはどれほどそれを軽蔑し、どれほどそれに憤ってみせることだろう。それがダニエルやミカなどの大預言のように、イエス・キリストに直接かかわる預言なら、むしろひとつの意味しかもたないと言えるのではなかろうか。あるいは、われわれが預言をどう解釈していいかさっぱりわからなくても、それでもやっぱり宗教の正しさは明らかだ、とさえ言えるのではなかろうか」

一六　　　〔ポ一四の一　ブ七九三　ラ三〇八〕

身体から精神への無限の隔たりは、精神から愛への無限の隔たりよりもさらに無限大であることを象徴する。なぜなら、愛は超自然的なものだからである。

パスカル氏は、こんなわけのわからないことばづかいを著作のなかでしているが、もしかれにちゃんと仕上げる時間があったならば、こんな表現はしなかっただろうと信じたい。

一七　　　〔ポ一八の一八　ブ五七八　ラ二三六〕

イエス・キリストの系図の、この上なく明白なかずかずの弱点は、ものごとをきちんととらえるひとびとにとっては力となる。たとえば、マタイ福音書とルカ福音書に示された二つの系図。系図が照合されてつくられたものでないことは、これで見てとれる。

パスカルの『パンセ』を編集したひとたちは、はたしてパスカルのこういう考え《パンセ》を刊行すべきだったのだろうか。というのも、それは公表しただけでもキリスト教を害しかねないものだからである。それぞれキリスト教の基点であるイエス・キリストの二つの系図が、たがいに合致している点もあることにはまったく触れず、たがいに矛盾している点をあげつらって、いったいどんな益があるのだろう。毒をさしだすなら、解毒剤もいっしょにさしだすべきであった。

裁判で弁護士がつぎのようなことを言ったら、ひとは何と思うだろう。「私の依頼人はつじつまのあわないことを申しておりますが、しかし、ものごとをきちんととらえられるかたがたには、こういう弱点はひとつの力になります」

［ポ一八の一九　ブ五六五　ラ四三九］

一八

もう明晰さがないことでわれわれをとがめないでほしい。それはわれわれ自身が公然と表明していることだからだ。

宗教の真理は、むしろ宗教のあいまいさそのもののうちに、われわれのもつ光の乏しさのうちに、そして、われわれが宗教を知りたいとは思わない無関心さのうちにこそあると認めてほしい。

奇妙にも、こういうものをパスカルは真理のしるしとして並べている。とすると、虚妄にはそれ以外に、どういうしるしがあるのか。

何ということだ。ひとが自分を信じてもらうためには、「私はあいまいなものです。私は理解しがたいものです」といえば、それで十分ということになる。

われわれの目には、そんな博識の闇より、信仰の光だけを提示されたほうがよほどわかりやすい。

一九

もし宗教がひとつしかなかったなら、神はあまりにも目立つものとなろう。　[ポ一八の二〇　ブ五八五　ラ二四二]

何っ。「もし宗教がひとつしかなかったなら、神はあまりにも目立つものとなろう」とあなたは言う。えーっ、あなたはお忘れか。あなたは「やがていつの日か、宗教はひとつだけになる」と、どのページでも言っているではないか。すると、あなたの説にしたがえば、神はいつの日にか、あまりにも目立つものとなるわけだ。

二〇

私は言う。ユダヤ人の宗教の本質はこうしたものの[13]いずれにもなく、ただ神の愛にのみある。そして、神はそれ以外のものはすべてお捨てになった。　[ポ一九の一　ブ六一〇　ラ四五三]

何っ。神がみずからユダヤ人たちにあれほど気を配り、あんなにもこと細かに命じたことを、神はすべてお捨てになったのか。モーセの戒律の本質は愛と祭式の両方にある、と言ったほうがよほど正しいのではないか。すべてを神の愛のみに帰着させる主張から感じとれるのは、神の愛よりもむしろ憎悪である。ジャンセニストの全員がかれらの隣人であるモリニスト[14]にたいして抱くような、あの憎悪だ。

［ポ二四の八　ブ九七　ラ六三四］

二

人生でもっとも重要なことがらは、職業の選択である。しかし、偶然がそれを左右する。習慣が石工、兵士、屋根ふき職人をつくる。

偶然や習慣と呼ばれるもの以外に、いったい何がひとを兵士や石工やあらゆる作業場の職人として決定できるだろうか。ひとが自分自身でそれをすると決められるのは、天才を必要とする技芸だけだ。誰でもできるような職業については、習慣が決定する

13　割礼などの祭式その他、モーセの戒律が命ずるもの。

14　モリニストとは、スペインのイエズス会士ルイス・デ・モリナ（一五三五〜一六〇〇）の教説を奉じるひとびと。

というのがきわめて自然であり、きわめて理にかなう。

二二　〔ポ二四の一二　ブ一七二　ラ四七〕

みんな、それぞれ自分の考え《パンセ》を検討してみよう。すると、自分の考えはつねに過去と未来で占められていることに気づかされるだろう。つまり、われわれは現在についてはほとんど考えない。考えるとしても、それは未来にそなえて現在から光を得るためにすぎない。現在はけっしてわれわれの目的ではない。過去と現在はわれわれの手段であり、未来のみがわれわれの目的なのである。

造物主がわれわれにあたえてくれた本能は、われわれをたえず未来へと向かわせる。われわれはそのことに不平を言うのではなく、それに感謝しなければならない。人間のもっとも貴重な宝は、この希望だ。希望はわれわれの悲しみをやわらげ、現在のつかのまの喜びのうちに、未来のたしかな喜びを描いてみせる。

もしも人間が不幸にも、現在のことにのみ心がとらわれているならば、種もまかず、家も建てず、木も植えず、何の備えもしないだろう。この現在のいつわりの享楽のなかで、すべてが欠乏するだろう。パスカル氏ほどの知性が、そんな凡庸な誤った考えに陥ることがありえただろうか。

自然がきちんと定めている。人間は誰もが、おいしく食事をし、子どもをつくり、心地よい音楽を聴き、自分の考える力や感じる力を十分に使って、現在を楽しめるよう、自然が定めてくれた。また、人間は誰もが、現在の状態を脱しながら、あるいは現在の状態のままであっても、明日のことを考えるであろう。明日を考えなければ、人間はみじめさのあまり今日にも死んでしまうであろう。

二三　［ポ一二六の一　ブ一三九　ラ一三六］

しかし、もっとじっくり観察してみると、人間がこんなにも休息を嫌がり、自己と向かいあうのを嫌がるのは、ひとつのきわめて有力な原因に由来するものであることを私は発見した。それは、ひよわで命にかぎりのある人間は生まれながらにして不幸だということである。それがあまりにもみじめなので、われわれがどうしてもそれを考えさせられるとき、また、われわれが自分だけを眺めるとき、自分を慰めてくれるものは何もないことになる。

この文中の「自分だけを眺める」ということばは、まったく意味をなさない。いっさい活動をせず、じっと自分を見つめているだけとされる人間とはどういう人間なのか。私に言わせれば、そんな人間はたんなるバカで、社会にとって無益な人間である。さらに言うなら、そんな人間はありえない。自分を見つめる人間はいったい自分の何を見つめているのか、自分の体、自分の足、自分の手、自分の五感ではないのか。まったくの知的障害者でなければ、かれはそういうものをすべて使っているはずだ。それとも、かれは自分の考える能力を見つめるためにじっとしているのか。しかし、考える能力を見つめるためには考える能力を使わざるをえない。

かれはまったく何も考えない人間なのか、そうでないとすれば、すでに自分が得た観念について考えるか、もしくは自分でまったくあたらしく観念を組み立てることになる。ところが、観念は外部からしか獲得できない。したがって、自分を見つめる人間は必然的に自分の感覚、もしくは自分の観念に心をとらわれる。[15] したがって、かれは自分の外部にとらわれるか、もしくはたんなるバカ者である。

もう一度言う。こうした架空の無気力状態にとどまることは、人間の本性にとって不可能である。そんなことを考えることすら不条理であり、そんなことを主張するのは狂気の沙汰だ。炎が上に向かい、石が下に向かうのと同じように、人間は活動するものとして生まれついた。人間にとっては、まったく何もしないでいることと自分が存在しないこととは同じことなのである。ちがいと言えば、従事するしごとが静かなのか騒々しいのか、有害なのか有益なのかというのが、そのすべてである。

二四

人間には、外部に気晴らしとしごとを求める秘かな本能がある。この本能は、自分たちのみじめな状態が途切れずにつづくことへの恨みに由来する。〔同前〕

15　観念はすべて感覚に由来するというロックの主張に同調（二二〇頁参照）。

人間にはもうひとつ、これはかつての偉大な本性の名残だが、べつの秘かな本能がある。それは、幸せがほんとうは休息のなかにしかないことを人間に知らせる本能である。

この秘かな本能は、社会の第一原理であり、必要不可欠の基礎であるから、むしろ神の善意に由来する。この本能は、われわれのみじめさを恨むものというより、むしろわれわれが幸せになるための道具なのである。

私は、われわれの最初の祖先が地上の楽園で何をしていたか、知らない。しかし、もしもかれらが自分のことしか考えないような人間ばかりだったなら、人類の存在はきわめて危うかっただろう。かれらはただ自分をじっと見つめるだけのために、完璧な感覚、すなわち完璧な活動の道具を備えていたと、そんなふうに考えるのは不条理ではないのか。そして、考える頭をもっているひとびとが、怠惰こそが人間の偉大さのしるしであり、活動はわれわれの本性からの堕落であると思ったりするのは、滑稽ではないのか。

二五

〔同前〕

ピュロスは[16]、世界の大部分を征服してから仲間とともに休息を楽しむつもりでいた。側近のキネアスが、そのピュロスにこう助言した。これ以上苦労を重ねて幸せを求めるのではなく、いますぐ休息して、自分で早めに幸せを得たほうがいいのでは、と言ったのだ。もちろん、そんな助言は受けいれてもらえなかった。また、その助言は若い野心的な国王の計画よりも道理があったわけではない。両方とも、人間は胸に勝手な希望を抱いて心の空虚を埋めなくても、自分自身で、そして現在の財産で満足することができると考えていた。それはまちがいである。ピュロスは、世界を征服する前であろうと征服した後であろうと、幸せになることはできなかった。

キネアスの例を引くのは、［ボワロー＝デプレオーの風刺詩のなかでならけっこ

16　ピュロス（前三一八～前二七二）は、古代ギリシアの北西にあるエピロスの国王。

うでも、哲学の書物のなかではよくない。賢明な国王は家にいても幸福でありうる。また、ピュロスはバカだと言ったところで、そのことはほかの人間にとって何の意味もない。

二六

人間の不幸はあまりにも大きいので、人間は、自分を退屈させる外的な原因がまったくなくても、自分のいまのあり方そのものによって退屈してしまう。われわれはそのことを認めねばならない。〔同前〕

逆である。人間はこの点ではあまりにも幸福である。何もしないでいることは退屈することだとしてくれた創造主に、われわれは大いに感謝する。なぜなら、そのおかげでわれわれはいやおうなしに、隣人にとって、またわれわれ自身にとって有益な存在になれるからである。

二七　　［同前］

男は最近、一人息子を亡くした上に、訴訟や争いごとで参っており、今朝もすっかりくよくよしていたが、いまはもう、けろりとしている。いったいどうしたことか。いや、驚くことはない。かれの猟犬たちが六時間も前から鹿を熱心に追いかけている。その鹿がどこを通るのか。男はそのことに心を奪われているのだ。どれほど悲しみで満ちていても、男にはこういうものがあればもう大丈夫。男を何らかの気晴らしに引きずり込むことができたならば、男はこんなふうに、そのあいだだけは幸せだ。

この男のやり方はみごとである。まさしく気晴らしが苦痛をいやす。その効き目は、キニーネが熱病に効くよりももっと確実である。これが自然なのであり、そういう自然を非難してはならない。自然はいつでもわれわれを救いに来てくれる。

二八

［ポ二八の二〇　ブ一九九　ラ四三四］

こんな光景を想像してみよう。おおぜいの人間が鎖につながれている。みんな死刑を宣告されている。毎日、そのうちの数人がほかの者たちの目の前で殺されていく。残された者たちも、自分の境遇が仲間たちの境遇と同じであることを悟り、苦悩と絶望のうちにたがいの顔を見つめあい、自分の番を待っている。これはまさしく人間の境遇を描いた絵図である。

このたとえは、じつによろしくない。鎖につながれ、つぎつぎに首を切られていく不幸なひとびとは、たしかに不幸である。そういうひとびとは、もちろん自分たちが苦しんでいるから不幸なのだが、それに加えて、自分たち以外のひとびとは苦しんでいないと思われるから不幸なのである。

人間の本来の境遇は、鎖につながれることでも、首を切られることでもない。人間はみんな、動物や植物と同じく、成長し、一定の期間生き、同類を生み、そして死ぬようにつくられている。

風刺詩でなら、思う存分、人間の悪い面を示してもいいだろう。しかし、少しでも自分の理性を働かせるならば、あらゆる動物のうち人間がもっとも出来がよく、もっとも幸せで、もっとも長生きできるものであることを認めねばなるまい。したがって、われわれは自分たちの不幸と命の短さに驚き、嘆くのではなく、自分たちの幸せと命の長さに驚き、喜ばねばならない。

私は、ここでもっぱら哲学者として論じるとするならば、はっきりとこう言いたい。われわれは、われわれの本性により、いまよりももっと上等な存在でなければならない、などと主張するのはきわめて図々しく、思い上がりもいいところだ。

二九

異教徒たちのあいだにいて、ひとりの神しかいないと言った賢者たちは迫害され、ユダヤ人たちは憎まれ、キリスト教徒たちはいっそう憎まれた。〔ポ二八の二七　ブ五五六　ラ四四九〕

たしかに、かれらは、ときには迫害された。今日でも、既成宗教とは無関係の男がやってきて、神を讃えよ、などと説教したら、やはり迫害されるであろう。

しかし、ソクラテスが死刑にされたのは、かれが「ひとりの神しかいない」と言ったからではない、その国の外面的な祭式に公然と反対して、まずいことに有力者たちを敵に回してしまったからである。

ユダヤ人はといえば、かれらが憎まれたのは、ひとりの神しか信じなかったからではない。滑稽にも、ほかの民族を憎んでいたからである。敗北した敵を容赦なく虐殺するような野蛮人だったからである。迷信的で、無知で、学芸ももたず、交易も知らない下等な民族のくせに、もっとも文明化した諸民族を軽蔑していたからである。キリスト教徒はというと、かれらが異教徒に憎まれたのは、異教徒たちの宗教と帝国を打倒しようとしたからである。そして、じっさいに打倒してしまった。その経緯は、プロテスタントが長いあいだ憎まれ、迫害され、虐殺されてきたその国々のなかで、ついには支配者となったのと同じである。

［ポ二八の四三　ブ六三　ラ六八〇］

三〇

モンテーニュの欠点は大きい。みだらで破廉恥なことばだらけだ。それは何の価値もない。自殺とか死についてのかれの意見は、じつにおそろしい。

モンテーニュは、自殺の是非について語るとき、キリスト教徒としてではなく、哲学者として語っているのである。哲学的にいえば、ひとりの人間が社会の役に立たなくなったとき、かれがそこを去ることは社会にとってどんな害があるのか。

ある老人が結石にかかり、とてつもない激痛で苦しんでいるとき、ひとからこんなふうに言われたとする。「切開手術をしないと死にますよ。手術をすれば、一年ぐらいは、あいかわらずもうろくしたまま、よだれをたらして、そこらを徘徊し、なんとか自分ひとりで、あるいは誰かの世話になって、生き続けることができます」

私が思うに、このおじいさんはそのとき、もう誰の世話にもなるまいと決心するだろう。モンテーニュが語っているのは、だいたいこのようなケースなのである。

三一　［ポ二八の五九　ブ二六六　ラ七八二］

望遠鏡は、昔の哲学者にとっては存在しなかった天体を、どれだけたくさんわれわれに発見させてくれたことか。聖書は多くの箇所で、星の数は無数と記しているので、ひとびとは図々しくも聖書を攻撃した。「星の数は千二十二個しかない[17]。われわれはそれをちゃんと知っている」と言うのである。

聖書は、自然学にかんしては、レベルをずっと世俗の通念にあわせてきた。それはたしかである。たとえば、地球は動かないとか、太陽が回るとかの考えがそうだ。星の数は無数としているのも、聖書が新しい天文学に通じていたからではまったくなく、ただ通俗的な観念にあわせただけのこと。じっさい、われわれが自分の目で眺めれば、星はせいぜい千二十二個ぐらいしか発見できない。しかし、空をじっと眺めていると、目がクラクラしてきて、星は無数にあるように思えてくる。したがって、聖書はこうした民衆の偏見にしたがって語っているのである。聖書はわれわれを自然学者にするためにわれわれにあたえられたのではない。旧約聖書に出てくる預言者ハバククやバルクやミカが、のちにイギリスの天文学者フラムスティード[18]が望遠鏡で七千以上の星をみつけ、かれの『天球図譜』に書き記すようになることを、すでに神によって啓示されていたというのは、どう見てもありそうにない。

三二　［ポ二八の七一　ブ一九四の二　ラ八二二］

死にかかっている人間が、衰弱と苦痛のなかにありながら、全能で永遠なる神に敢然と立ち向かおうとするのは、はたして勇気なのか。

そもそも、そういうことは、なされたためしがない。「私はひとりの神を信じ、その神に挑む」などと言うような人間は、頭がひどくいかれている以外にありえない。

17　千二十二は、二世紀頃、古代ローマの学者クラウディオス・プトレマイオスが数えた星の数。望遠鏡が登場するまで西欧でほとんど常識とされた。

18　ジョン・フラムスティード（一六四六〜一七一九）は観測記録の『天球図譜』を編集し、後世の研究にも大いに貢献した。

私は、その証人が首を切られて殺されるような歴史であれば、よろこんで信じる。　［ポ二八の七二　ブ五九三　ラ八二三］

三三

そもそも、証人が自分を曲げないために死ねば、それでその証言を信じることができるのか。そこがまず難しい。なにしろ、それは多くの狂信者がやってきたことだからだ。さらにまた、べつの難点もある。この証人はほんとうにそのために死んだのか、証言はきちんと保存されてきたのか、かれらはそこで死んだとされる土地にちゃんと住んでいたのか、そこらへんを知るのも難しい。

ヨセフス[19]というひとは、キリストが死んだころに生まれた。ヨセフスはヘロデ王[20]の敵であった。ヨセフスはユダヤ教にあまり忠実ではなかった。なのに、なぜヨセフスはこうした難点について一言も語っていないのか。

まさに、その難点をパスカル氏ならみごとに解決してくれただろう。かれ以後のたくさんの雄弁な著述家たちは、じっさい上手に解決してみせた。

三四　〔ポ二九の一　ブ三二七　ラ八三〕

知識には二つの極端があるが、この両極はたがいに接する。いっぽうの極端は、生まれたてのすべての人間に見られる自然で純粋な無知である。もういっぽうの極端は、偉大な魂の持ち主が、人間が知りうるすべてを踏破したあげくに到達する無知である。かれはここにいたって、自分が何も知らないことに気づき、出発点と同じ無知のうちにいる自分に出会う。

この考え《パンセ》はまったくの詭弁である。そのいんちきは、二つの異なる意味をもつこの「無知」ということばのうちにある。もちろん、読み書きができない者は無知である。しかし、数学者が、自然の隠れた諸原理について無知であるからといって、かれは読み書きを学び始めた出発点での無知と同じ地点にいるわけではない。

19　ヨセフスの『ユダヤ古代誌』は直接イエスのことを記録した唯一の文献とされる（偽書だともいう）。

20　ヘロデは、前一世紀ごろのユダヤの王。ヨセフスによって極悪人として描かれた。

ニュートン氏も、なぜ人間は自分の腕を動かしたいと思ったときに動かせるのか、それは知っていなかったが、それ以外のことについてはやはりもの知りであった。ヘブライ語は知らないがラテン語を知っている者は、フランス語しか知らない者にくらべれば、もの知りである。

三五

〔ポ二九の一八　ブ一七〇　ラ一三二〕

気晴らしで喜ばせてもらえても、それは幸せではない。なぜなら、それはよそから、つまり外部から来るものだからである。したがって、それは状況に左右される。ゆえに、それは無数の事故によって乱されやすく、苦悩を避けがたいものにする。

喜びを得ているひとは、じっさいに幸せである。そして、喜びは外部からしか来ない。われわれは感覚も観念も、外部の事物からしか得ることができない。それはちょうど、われわれが自分の体を養うのは、自分にとって異質な物質を自分のなかに取りいれて、それを自分自身のものに変えることによってしかありえないのと同様である。

三六　［ポ二九の二一　ブ三七八　ラ五一八］

知性が極端にありすぎるのは、知性が極端になさすぎるのと同様で、頭がおかしいと非難される。何ごとも凡庸なのが一番よいとされる。

頭がおかしいと非難されるのは、知性が極端にありすぎることではなく、知性が極端に活発に働き、頭の回転が極端に速いことである。知性が極端にありすぎるというのは、極端に的確で、極端に精密で、極端に視野が広いことであり、それは頭がおかしいというのと正反対である。

「知性が極端になさすぎる」というのは、概念をいだく力がないことであり、観念が空っぽということであって、これも頭がおかしいというものではない。これはたんに頭が悪いということである。

頭がおかしいというのは、器官の変調であって、そのせいでかずかずの事物の動きが速すぎるように見えたり、あるいは想像力がたった一個の事物にしか向かわず、それにむちゃくちゃに執着することである。

一番よいとされるのは、もはや凡庸さではない。一番よいのは、相対立する二つの悪から遠ざかることである。それは中庸と呼ばれるものであり、凡庸とは異なる。

三七

［ポ二九の二九　ブ一六五の二　ラ七〇］

もしわれわれの状態がほんとうに幸せであったならば、状態について考えることから気をそらして、気晴らしに向かう必要はなかっただろう。

われわれの状態とは、まさしく外的なことがらについて考えることである。われわれは外的なことがらと必然的に関係する。人間は、人間の状態について考えることから気をそらすことができるというのは誤りである。なぜなら、人間が自分の知性を何に向けようとも、それは必ず人間の状態と結びついた何かしらのことがらに向けられることになるからである。もう一度言おう。自然の事物を捨象して自己を考えるのは、何も考えないことである。まったく何も考えないことだと言いたい。そのあたりはきちんと押さえておかれたい。

ひとは自分の状態について考えるのを妨げられるどころか、むしろ逆に、そのひとの状態の楽しさばかりがみんなの話題となる。学者にたいしては、名声とか学問が話題になる。君主にたいしては、かれの偉大さにかかわることが語られる、とにかく、あらゆる人間にとって、話題となるのは快楽のことだ。

三八　［ポ二九の三五　ブ一八〇　ラ七〇五］

身分の高い者も低い者も、同じようにトラブルにあい、同じように不和で苦しみ、同じように情欲がある。しかし、一方は車輪の上のほうにいて、他方は車輪の中軸の近くにいる。したがって、同じ運動によっても後者は揺さぶられかたが少ない。

身分の低い者のほうが高い者よりも揺さぶられかたが少ない、というのはまちがっている。それどころか、身分の低い者は苦境を脱出する手立ても乏しいので、かれらの絶望はいっそう深刻だ。ロンドンで自殺する者、百人のうち九十九人は下層の民衆で、高い身分の者はわずかにひとりである。車輪のたとえは巧妙ではあるが、まちがっている。

三九

〔ポ二九の四〇　ブ六八　ラ七七八〕

ひとびとは真人間になることだけは教わらない。それ以外のことはすべて教わる。ところが、ひとびとは自分が真人間であることをやたらに自慢する。つまり、ひとびとは、自分がまったく教わらなかった唯一のことがらを、まるで自分はそれしか知らないかのように自慢するのである。

ひとびとは真人間になることを教わる。教わらなかったら、真人間になれるものはほとんどいないだろう。

あなたの息子が、小さいとき、手にしたものをすべて自分のものにするのを黙って許しているとどうなるか。その子は十五歳になると、街道で強盗を働くようになるだろう。息子がウソをつくのを誉めているとどうなるか。やがて偽証人になるだろう。息子がみだらな心をもつのはけっこうなことだとしているとどうなるか。かれはまちがいなくふしだらな生活をするようになるだろう。

ひとびとはすべてを教わるのである。美徳も、そして宗教も。

四〇

［ポ二九の四一　ブ六二　ラ七八〇］

自己を描き出そうとしたモンテーニュの、何と愚かな企て。しかし、それはけっして、だれもが犯しがちなあやまちのように、もののはずみで、自分のふだんの主義に反してやったことではない。そうではなくて、まさに自分の主義にしたがい、そして最初からそれを主要な企てとしておこなっているのである。まったくの話、たまたま自分で抑えがきかずにバカなことを言うのは、これはよくある失敗だが、企てをもってバカを言うのは、我慢できるものではない。しかも、あんなことを言うにいたっては。

作品からもうかがえるように、素直に自己を描き出そうとしたモンテーニュの、なんと魅力的な企て。なぜなら、かれは人間の本性を描き出したからだ。いっぽう、モンテーニュをけなそうとするニコルや、マルブランシュや、パスカルの、何とつまらない企て。[21]

四一

［ポ二七の一六　ブ八一七　ラ七三四］

自分は妙薬をもっていると称する詐欺師は多い。そして、それを信じる者も多く、そんな詐欺師に自分の命をあずける者さえいる。どうしてそんなことが起こるのか。その真の原因を考えてみたところ、どうやらそれは、ほんとうに効く薬もあるからだ、と私には思われてきた。なぜなら、本物が存在しなければ、あれほどたくさんのニセモノが出回ることもなかっただろうし、ひとびとがニセモノをあれほど信用することもなかっただろうからである。もし、ほんとうに効く薬など存在せず、あらゆる病気が不治であったなら、病人に薬をあたえるといった考えが、そもそも人間に浮かんだはずもない。さらにまた、自分は薬をもっていると自慢するやからを、多くのひとびとが信用したりするはずもない。それは、死を妨げることができると自慢する人間は誰からも信用されないのと同様だ。そういうことはあったためしがないからである。

しかし、お偉いかたがたのお眼鏡にかなって、効果がほんとうだとされた薬はたくさんある。ひとびとの信用はそれに服したのだ。なるほど、ほんとうの効果が個別にいくつかある以上、ことを全般的に否定はできない。ただ、民衆は、さまざまの個別の効果のうち、いずれがほんとうであるのか識別できないので、それらのすべてがほんとうだと信じるのである。同様に、月の作用とされることについて、民衆がたくさんのまちがいを信じているのは、海の満ち潮のように正しいものもそこに含まれているからである。

21　ピエール・ニコル『ポール・ロワイヤル論理学』（一六六二年）、マルブランシュ『真理の探究』（一六七四～七五年）をさす。

したがって、この世に偽りの奇跡や、偽りの啓示や、魔術などがたくさんあるのは、そのなかに本物があるからにほかならない。それもまた明白なことだと私には思われる。

私には、人間の本性はまちがいにおちいるのに真実を必要としないと思われる。ひとは、無数のことがらをまちがって月のせいにしてきたあとでやっと、海の満ち潮と月のあいだに、ごくわずかの正しい関係を思いついた。病気になった最初の人間は、最初のいんちき療法師をあっさり信用した。狼男とか魔女をじっさいに見たことのある者はひとりもいないのに、多くの者がその存在を信じた。金属がべつの金属に変わるのを見たことのある者はひとりもいないのに、たくさんのひとが「賢者の石[22]」の存在を信じて、破産した。

では、ローマ人、ギリシア人、すべての異教徒たちが偽りの奇跡を信じ、そのなかに浸っていたのは、いくつか本物の奇跡を見たからにほかならない、というのか。

四二　［ポ二九の四二　ブ三八三　ラ六九七］

船の中にいるひとびとを「離れていく側だと」判定するのは、港だ。では、道徳において、われわれはこうした判定のための一点をどこに定めるのか。[23] あらゆる国で受けいれられる唯一の道徳の原則《マキシム》はこうだ。「自分にしてほしくないことなら、ほかのひとにするな」

22　賢者の石とは、錬金術で鉛などを金に変えるさいに必要とされる触媒のこと。

23　ポール・ロワイヤル版『パンセ』の第二九章「道徳」に含まれる文章だが、この引用部分だけでは意味がやや不明。その前の部分はこうだ。「乱れた生活をしている者は、きちんとした生活をしている者に向かって、あなたたちは自然からはずれており、自分たちこそ自然にそっている、という。これはちょうど、船の中にいるひとびとは岸にいるひとびとのほうが離れていくように思うのと同様だ。離れていくということばは、どちらの側にも使える。どちらが正しいかを判定するには、固定した一点が必要だ」

四三

［ポ二九の四八　ブ一五六　ラ二九］

「武器なしに生きることはありえないと思っている獰猛《どうもう》な民族」24 この民族は平和よりも、むしろ死を好む。べつの民族は戦争よりも、むしろ死を好む。人間の生への愛着はとても強く、しかもそれがとても自然であるように思われるのに、持論というものは、それがどんな意見であれ、命よりも大事にされることもあるのだ。

引用されているタキトゥスのことばにある「獰猛な民族」とはカタロニア人のことである。しかし、本文で「べつの民族は戦争よりも、むしろ死を好む」と言われている民族、また、そう言われてもいいような民族はまったく存在しない。

四四

［ポ三一の一　ブ七　ラ五一〇］

ひとは知性が豊かになればなるほど、世の中で個性的な人間をますますたくさん見つけられるようになる。ふつうのひとには、人間のあいだにちがいがあることがわからない。

ほんとうに個性的な人間はごくわずかしかいない。ほとんどすべての人間が、慣習と教育の影響を受けて、おとなしくふるまい、ものごとを考え、ものを感じる。知性をそなえて、新しい道を歩む人間ほど、この世に稀《まれ》なものはない。しかし、いっしょに進んでいく一群のひとびとのあいだでも、ひとりひとりの歩きぶりにはちょっとしたちがいがあり、そうしたちがいは注意して眺めればちゃんとわかるのである。

［ポ三一の二　ブ二　ラ五一一］

四五

そこで、二種類の精神が存在することになる。ひとつは、少数の原理からまっすぐ帰結へ、鋭く深く入りこむもので、これがまさしく、まっすぐな精

24　古代ローマの歴史家ティトゥス・リウィウスの『ローマ建国以来の歴史』第三七巻第一七章からの引用。あるいは、モンテーニュ『エセー』第一巻第一四章からの孫引き。

神である。もうひとつは、多数の原理を少しも混同することなく理解するもので、これがまさしく、幾何学的な精神である。

私が思うに、今日のことばの使い方で「幾何学的な精神」と呼ばれるのは、きちんと筋のとおったことを言う精神のことである。

四六

〔ポ三一の三　ブ一六六　ラ一三八〕

死というものは、その危険がないときに死を考えるよりも、死を考えずにそれを受けいれるほうが、はるかに楽なものである。

ひとが死をまったく考えていなければ、楽にであろうと楽にではなかろうと、ひとが死を受けいれるとは言えない。そもそも、ひとが何にも感じないのであれば、がまんして受けいれるようなものは何もない。

四七

［ポ三一の五　ブ三九二　ラ一〇九］

われわれは、人間はみんな自分たちの目の前にある事物について同じように受けとり、同じように感じるものだと想定する。しかし、この想定はまったく根拠がない。われわれはひとつも証拠をもっていないからだ。なるほど、ひとびとは同じような場面で同じようなことばを用いる。たとえば、二人の人間が雪を見ると、いつでもかれらは観察されたこの事物について二人とも「雪は白い」といったふうに、同じことばでそれを表現する。そして、こうして採用されることばの一致から、ひとびとは観念の一致という強力な推測を引き出す。しかし、この推測は、どれほど肯定する側に分がある推測だろうと、ひとを絶対的に納得させるものではない。

白い色を証拠としてもちだすべきではなかった。白は、あらゆる光線の集合であり、誰にも明るく見え、長く見ていると少しまぶしくなり、すべての眼に同じ印象をあたえる。しかし、ほかの色なら、おそらくすべての眼にとって一様には知覚されない、と言われてしまうだろう。

四八　われわれはどんなに推理をしても、最後は直感だ。
［ポ三一の六　ブ二七四　ラ五三〇］

どんなに推理をしても最後は直感だ、と言えるのは、趣味にかんすることであって、科学にかんすることでは言えない。

四九　規則によって作品を判断するひとと、規則によらずに判断するひととのちがいは、時計をもっているひとと時計などもたないひととのちがいに似ている。ひとりの男が「われわれはここに来て、もう二時間だ」といい、べつのひとりは「四十五分しかたっていない」という。私は時計をもっており、
［ポ三一の七　ブ五　ラ五三四］

［じつは一時間半たっているのを知っていて］それを見ながら先のひとりに言う。「あなた、退屈していますね」べつのひとりにはこう言う。「あなたには、時間がたつのが早いですね」

音楽や詩や絵画といった美的な作品において、時計の代わりになるのはまさしく美のセンスである。そして、ここで規則のみによって作品を判断する者は、的はずれの判定をする。

［ポ三一の一五　ブ一三二　ラ四九］

五〇

私が思うに、カエサルは世界征服で楽しもうとするには年をとりすぎていた。そういう道楽は、アレクサンドロスならわかる。アレクサンドロスは、待てが効かない若者だった。しかし、カエサルはもっと成熟した大人だったはずである。

世間一般の思い込みによれば、アレクサンドロスもカエサルも、世界征服を企て国を出たとされる。しかし、そういうものではまったくなかった。

アレクサンドロスは、父ピリッポスの後を継いでギリシアの将軍となり、ギリシア人がペルシア国王から受けた侮辱に復讐するという大義の戦いにのりだした。かれはギリシアの敵をうちやぶり、インドにいたるまで征服を重ねていったが、それはダレイオス[25]の王国がインドまで広がっていたからにすぎない。それはちょうど、最近の戦争でもヴィラール元帥[26]がいなかったらイギリスのマールバラ公はリヨンまで来たかもしれないのと同様である。

カエサルはというと、かれは共和政ローマの実力者〔三頭〕のひとりであった。かれはもうひとりの実力者ポンペイウスと対立したが、それはジャンセニストとモリニストとの宗派対立に似ている。相手の力を根絶やしにせずにはおかないという対立である。決戦はたった一度。戦死者は一万人もいない一度だけの戦闘ですべては決した。

さらにいうなら、パスカルのここでの考え《パンセ》は、おそらくどちら側についてもまちがっている。カエサルは、あれほど多くの陰謀を切り抜けてきたのだから、ほんとうに老熟した政治家だったにちがいない。また、アレクサンドロスは、驚くことにあの若さで、苦しい戦争を遂行するために快楽を断念したのである。

五一　〔ポ三二の二一　ブ三九三　ラ七九四〕

考えてみればおかしな話である。この世の中には、神の法も自然の法もすべて捨てておきながら、自分たちでつくった掟にはきちんと従っているひとびとがいる。たとえば、盗賊などがそうだ。

考えてみればおかしな話ではなく、むしろ有益な話である。なぜなら、これは、どんな人間社会もルールがなければ、たったの一日も存続しえないことを証明しているからである。

25　ダレイオス三世は、前四世紀ごろのペルシア国王。
26　フランスの元帥ヴィラール（一六五三〜一七三四）は、スペイン継承戦争で、イギリスのマールバラ公が率いる同盟軍を迎え撃った。

五二　人間は天使でも獣でもない。そして、不幸なことに、天使になろうとすると獣になる。

［ポ三二の二三　ブ三五八　ラ六七八］

情欲の節制でなく、情欲の消滅を望む者が「天使」を演じたがる。

五三　馬は、ほかの馬たちから自分が尊敬されないとおさまらないということは、けっしてない。なるほど、競馬ではたがいに張り合うようなことが見られたりするが、それは後をひくようなものではない。なぜなら、厩《うまや》では、いちばん鈍重で不格好な馬でさえ、そのために自分のエサをほかの馬に譲ったりはしないからである。

［ポ三二の二五　ブ四〇一　ラ六八五］

人間たちのあいだでは、そうはいかない。人間の力量は、自分自身で満足するものではない。人間は何かの力量があれば、そこからほかの人間にたいして有利な立場を得ないかぎり、けっして満足しない。

人間たちのあいだでも、いちばん不格好な人間が、そのために自分のパンをひとに譲ったりするようなことはない。ただ、いちばん強いやつがいちばん弱いやつのパンを取りあげる。そうして、動物にせよ人間にせよ、でっかいやつが小さいやつを食いものにするのである。

五四　［ポ三一の二七　ブ七二　ラ一九九］

もしも人間が自分自身を探究することから始めたならば、それを超えて進むのはいかに不可能かがわかるであろう。いったい、どうして一部分が全体を知ることができるだろうか。もしかするとかれは、せめて自分の身の丈とつりあった部分ぐらいは知りたいと思うだろう。しかし、世界の諸部分はすべて互いに関係があり、結びつきがある。したがって、ほかの部分を知らずに、また全体を知らずに、一部分を知ることは不可能であると私は思う。

人間は全体を知ることができないという考えを押しつけて、人間が自分にとって有益なものを追求することをやめさせようとするのは、まったく良くない。「リュンケウスのように遠くを見通す眼はもてないからといってただれ眼に薬を塗るのをあざけるのは良くない[27]」われわれは真理をたくさん知っているし、有益な発明もたくさんしてきた。蜘蛛と土星の輪とのあいだにあるかもしれない関係については、知らなくても諦めよう。われわれの力のおよぶ範囲のものについて、探求を続けよう。

［ポ三一の二九　ブ三九　ラ七六五］

五五

もし雷が低いところに落ちたら、詩人たちや、そういう性質のものごとによってしか理屈を組み立てられないひとたちは、大事な証拠を失うことになる。

比喩は、詩歌においても散文においても、証拠ではない。比喩は、詩歌を美しくするのに役立ち、散文においては文意を明らかにし、ものごとをきわだたせるのに役立つ。詩人は、山に雷が落ちるのを、身分の高いひとも不幸な目にあうことの比喩として用いたが、もしも逆の現象が起きたなら、詩人は逆のことを比喩に用いるであろう。

五六　〔ポ三二の二七　ブ七二　ラ一九九〕

われわれは精神と物体で構成されている。まさにそのことが、ほとんどすべての哲学者にものごとの観念を混同させた。かれらは、精神にしか属さないことを物体にあてはめ、物体にしか適合しないことを精神にあてはめた。

もし、われわれが「精神」とは何であるかを知っていたのであれば、哲学者は精神

27　ホラティウス『書簡詩』一の一、二八〜二九行。リュンケウスはギリシア神話に出てくる人物。

に属さないものを精神にあてはめている、と文句を言うこともできただろう。しかし、われわれは精神も知らず、物体も知らない。前者にかんしては、まったく何の観念ももたず、後者にかんしては、きわめて不完全な観念しかもたない。したがって、われわれはそれぞれの範囲がどこまでなのかも、知ることができない。

五七

［ポ三一の三八　ブ三三　ラ五八六］

「詩的な美しさ」という言い方があるので、「幾何学的な美しさ」とか「医学的な美しさ」とか言ってもいいはずだが、けっしてそんな言い方はしない。その理由は、われわれが幾何学についてはその目的が何であるか、医学についてもその目的が何であるかを、よく知っているからである。ところが、詩についてては、その目的である気持ちの良さがいったい何によって成りたつのか、われわれは知らないのだ。いったい何を自然なモデルとして模倣すべきか、われわれは知らない。そして、こうした知識が欠けていたせいで、「黄金の世紀」だの「現代の驚異」だの「宿命の月桂冠」だの「美しい天体」だの、奇妙なことばづかいがあれこれ発明された。こうしたことばづかいを、われわれは「詩的な美しさ」と呼ぶのである。しかし、こうしたモデルにあわせた服を着ている女性の姿を想像してみると、浮かんでくるのは、全身を小さな鏡やら真鍮《しんちゅう》の鎖やらで飾った美少女の姿だろう。

この考えはとんでもなくまちがっている。そもそも「幾何学的な美しさ」とか「医学的な美しさ」とか言えるはずがない。なぜなら、幾何の定理とか、下剤とかは、われわれの感覚に気持ち良さをあたえるものではないからだ。また、われわれが美しいと呼ぶのは、音楽・絵画・弁舌・詩歌・きちんとした建物など、われわれの感覚を魅了するものにたいしてだけだからである。

パスカル氏がもちだしている理由もまた、まったくまちがっている。われわれは、詩の目的が何であるかをよく知っているからだ。詩の目的は、ものごとを力強く、明快に、繊細に、そして調和をもって描き出すことにある。詩とは調和のとれた雄弁である。

どうも、パスカル氏は趣を味わう力がきわめて乏しいひとだったにちがいない。なにしろ「宿命の月桂冠」とか「美しい天体」など、頭の悪そうな表現を詩的な美しさとしているぐらいだからだ。また、この『パンセ』を編集したひとたちは、文学にはほとんど通じておられないにちがいない。なにしろ、あの有名な作家が書いたものというにはあまりにもふさわしくない省察を、こうやって印刷してしまったぐらいだからである。

パスカル氏の『パンセ』について、私のコメントはほかにもまだあるが、それは送らないでおく。議論をよけいに長引かせることになりそうだからだ。私としては、あのような大天才にも不注意による誤りがいくつか認められると、そう思えただけで十分である。どんなに偉大なかたがたでも、そこらの人間と同様にまちがうことはあるものだ。そう納得できただけでも、私のように知性がそこそこの人間にとっては多少の慰めになる。

解説

斉藤 悦則

哲学するヴォルテール

『哲学書簡』は、一七三四年、ヴォルテール四十歳の著作である。それ以前のヴォルテールは、世間のひとびとにとって詩人・劇作家として知られていたが、この著作を境に思想家・哲学者としても評価されるようになった。

哲学といっても、かれのばあいの哲学はいわゆる哲学とはだいぶん趣がちがうように思われる。しかし、かれの『哲学書簡』はわたしたち読者に〈哲学する〉楽しさを教えてくれる点で、歴史的にも突出して刺激的な哲学的著作であった。

あのジャン＝ジャック・ルソーも、ヴォルテールから〈哲学する〉楽しさを教えてもらった若者のひとりである。ルソーは自叙伝『告白』でこう書いている。

「わたしたちは［…］ヴォルテールの書くものなら何一つ見のがさなかった。そういうものを読んでえた興味から、わたしは自分も美しい文章を書き、こんなにもわたしを魅惑する作家のきらびやかな文体を真似たいものだと思った。しばらくたって、『哲学書簡』が出版された。これはたしかにこの人の最上の著作ではなかろうが、わたしをいちばん勉学にひきつけたのはこの本であり、こうして生まれた勉学心はこのとき以来けっして消え失せなかった」（第五巻、桑原武夫訳）

〈哲学する〉とは、難しいことばを覚えたり使ったりして悦にいることではない。自分の持ちあわせの知性を目いっぱい、はたらかせることである。自分の頭で考え、その考えを自分のことばで表現しようとつとめることである。

ヴォルテールに学んだ人間は、いろんなことに「それはいったい何だ？」と興味をいだく。そして「どうして自分はそれをおもしろいと思ったのだろう？」と問いを深めていく。正解をもとめているのではないが、まちがいは見つけたい。おもしろがりたいのである。そのためにアンテナを伸ばし、その感度を高めようとつとめる。受信能力が高まれば、世の中のいろんな意見が自分のなかに飛び込んでくる。さまざまの意見のぶつかりあいそのものがおもしろくなってくる。正解を本気で主張しているひとの真剣さが楽しめるし、衝突の火花の強さが楽しめる。

しかし、〈哲学する〉ひとは困ったひとでもある。正解とか正義を押しつけようとするひとびとにとっては、厄介な存在である。なにしろ〈哲学する〉ひとは、ほとんど自明におもわれることがらでさえ疑ってしまう。つまり、従順ではない。号令にしたがわない。常識を破ったりする。だから、腐ったミカンとしてにらまれたり、排除されたりする。

じっさい、ヴォルテールの『哲学書簡』は発禁にされた。それでもベストセラーとなり、版を重ねた。読み物としておもしろいからである。刺激的だからである。そして、ひとびとのあいだで、社会の現実にたいする批判的なまなざしを育み、自分の頭で考えようとする生き方を広げていった。フランス革命が準備されていったのである。

さて、以下ではヴォルテールが詩人から哲学者に変貌していく経緯を紹介しよう。かれにそうした変貌をもたらしたのは、三十二歳のときからの二年半にわたるイギリス滞在であった。

イギリスへ

ヴォルテール（本名フランソワ＝マリー・アルエ）は一六九四年、パリで生まれた（誕生日は十一月二十一日と記録されているが、本人によれば二月二十日）。父親はそこそこの名誉をともなう公証人であったが、その官職は金で買ったものである。もとは織物の商いで成功し、社会的な上昇をはたした。そして息子を、貴族の子弟が集まるルイ＝ル＝グラン学院（イエズス会が経営）に入れる。ヴォルテールが十歳から十七歳まですごしたそこでの交友は、かれにとって財産となり、かれの詩才もすでにそのときから知られていた。卒業後、ヴォルテールは文学者になると父親に宣言し、父親と衝突しながらもずっと親がかりのままですごしていく。

二十歳のころ、いくつかの詩でデビューしたが、二十三歳のとき、権力者（摂政オルレアン公）を辛辣に風刺する詩によって牢獄（バスティーユ）に入れられる。その詩は自分が書いたものではないと主張したが、けっきょく一年近くを牢獄ですごす。それでも、投獄のおかげで名前も売れたし、獄中で詩作にふけることができた。

韻文悲劇の処女作『エディップ（オイディプス）』は一七一八年（二十四歳のとき）、コメディー・フランセーズで上演され、大評判となる。自分の名をヴォルテールと改めたのもそのころである。その後、つぎつぎと発表した戯曲や詩もそれなりに評判となったし、宮廷にも出入りするようになった。父親とちがった経路で、社会的な地位をかなり上昇させたことになる。しかし、貴族の出でない者はどれほど才能があっても、またどれほど金持ちであっても、貴族からは軽んじられるという現実、それをヴォルテールはやがて思い知らされる。そして、そのとき起きた事件のためにヴォルテールはイギリスに渡らざるをえないことになったのである。

一七二六年（三十二歳になるころ）、かれはパリのオペラ座でひとりの貴族と悶着を起こす。名門の出であるロアン＝シャボという男から声をかけられた。「ド・ヴォルテールさん……、アルエさん……、あなた、お名前は何でしたっけ」。これはヴォルテールが詩人として高名であっても、また、貴族風に名前にドを冠していても、じつは平民にすぎないことをからかうものであった。ヴォルテールのそばに大女優のルクヴルール嬢がいて、ふたりの親密さがロアンには不愉快だったのかもしれない。

二日後、こんどはコメディー・フランセーズのロビーで、ロアンはふたたびヴォルテールにむかって同じことばをくりかえした。このとき、ヴォルテールはこう切り返す。「わたしの名前はわたしから始まる。あなたの名前はあなたで終わる」。これを聞いてロアンは激高し、ステッキを振り上げたが、ヴォルテールを叩くにはいたらなかった。そばにいたルクヴルール嬢が、さすが名女優、気を失って倒れたからである。

数日後、ヴォルテールは、ある公爵の家で食事をしているときに、外へ呼び出される。警戒心もなく表に出ると、待っていた数人の男から棒でさんざん殴られた。この襲撃を仕組んだのはロアンである。ヴォルテールは暴行の被害を公爵に訴えたが、反応は冷たかった。貴族を不愉快にさせるような詩人はそういう仕打ちを受けてもしかたがない時代だった。

ヴォルテールは我慢がならなかった。決闘して復讐することをくわだてる。それを察知したロアンは身を隠す。警察もロアンの側にたち、ヴォルテールに逮捕状を出して、居場所を探す。けっきょくヴォルテールはつかまり、投獄された（バスティーユに入るのは二度目である）。

しかし、この投獄はそもそも厳しすぎるものであったから、獄中ではかなりのていどの自由が許された。この高名な劇作家・詩人には連日たくさんの訪問客があった。そして、当局はヴォルテールがずっとイギリスに渡りたいとの希望を出しつづけていたのを受けて、すんなりとこれを認めたのである（四月半ばに逮捕された囚人だが、五月初めには渡英した)。当局にとっても、これは厄介者をいわば「ところばらい」できる好都合のリクエストであった。

こうして三十二歳になってから、二年半にわたるイギリス滞在が始まった。

英語の習得

ヴォルテールも、もともとイギリスについてたいして知識をもっていなかった。それは当時のほとんどのフランス人と同様である。のちには、ヴォルテールの書いた『哲学書簡』の影響もあって、十八世紀半ば以降、フランスでいわゆる「英国趣味」が大流行することになるのだが、それまでは逆であった。つまり、フランス人はイギリスを見下していた。

なにしろフランス語は(二十世紀になって英語にその座を奪われるまで)第一の国際語(リンガ・フランカ)であった。通商や外交ばかりでなく、文化面でも交流はフランス語でほとんどことたりた。フランス人にとって英語は、海のむこうのマイナーな外国語にすぎなかった。

フランスの啓蒙思想(あるいはその担い手であるいわゆるフィロゾーフたち)に大きな

影響をあたえたジョン・ロックの哲学やニュートンの万有引力の学説は、当時フランスではまだほとんど知られていなかった。だからこそ、そうしたものをフランス人に紹介したヴォルテール『哲学書簡』の功績はきわめて大きいわけだが、それでも最初の時点でのヴォルテールの関心はイギリスの哲学や自然科学の方面には向いていなかった。かれにとって何よりも興味があったのは、自分にいちばんなじみのある演劇であった。

ヴォルテールが英語を習得したいと思ったのは、イギリスの演劇をしっかりたっぷり味わいたかったからである。知識人・文化人との交流ならフランス語だけで十分なので、それほど英語を学ぶ必要はなかった。

渡英してすぐ劇場に足を運ぶ。イギリスの演劇を観て、驚いた。フランス演劇の古典主義のかっちりとした作法や趣味を身につけたヴォルテールにとって、それはあまりにも粗野で不作法であるにもかかわらず、エネルギッシュで、観客の想像力をかきたて、観客の心をつかむ表現力をそなえていた。そこでヴォルテールは、演目の脚本をたずさえて劇場に通い始める。そして、それによってかれは生きた英語を身につけたとされる。芝居小屋が英語の視聴覚教室になったのである。芝居のセリフを覚え、口に出して言えるようになったのは、イギリスの知識人との交流にも役立ったはずだ。また、のちにフランスで英国趣味が流行するようになると、ヴォルテールがきわめて調子よく英語をしゃべることができるありさまは、かれにますますの輝きをもたらした。

さて、一七二六年から二八年秋までのイギリス滞在のあいだ、ヴォルテールはイギリスの文化人や政治家から大いに歓迎された。ヴォルテールは詩人・劇作家としてイギリスでも有名人であり、ファンも多かったからである。しかし、ヴォルテールがもっとも頼りとした人物は、大物政治家にして思想家のボーリングブルックであった。なにしろヴォルテールは、しばらくのあいだボーリングブルックの住所を自分への手紙の宛先にしたほどである。このボーリングブルックはフランスで長きにわたる亡命生活を送り、つい数年前イギリスに戻ってくるまで、ヴォルテールと親しく交わってきた。ジョン・ロックの思想・哲学のすばらしさを語り聞かせたのもかれだ。そして、かれのおかげでヴォルテールはジョナサン・スウィフト（『ガリヴァー旅行記』の作者）や、詩人のアレキサンダー・ポープと交流することができた。

ポープはフランス語ができなかったので、会話はもっぱら英語でおこなわれた。

ヴォルテールはイギリスに来て半年、英語で手紙を書いてみたりするぐらいに語学が上達していたが、ポープのほうも、こうした初学者にたいしてわかりやすく語ることのできる人間ではあった。とにかく話がおもしろかったので、ヴォルテールはすっかりほれこんでしまう。人格的なゆがみ加減が自分に似ている点にも引かれた。うちとけてあけすけな会話ができるのもうれしかった。ふたりはともに人柄の悪さで共通していた。ふたりとも平民の出で、差別されることにがまんができず、それでいて才能のない人間を軽蔑するところも似ていた。ひとからは、横柄だ、無礼だ、と言われたが、かれらはあえて嫌われるようなことを言ったりもした。

こんな話もある。ある日、ポープの家での夕食に招かれた。ポープは病気のせいで身体に障害のある三十八歳の小男で、母親といっしょに暮らしていた。その席でヴォルテールは、自分も体質がきわめて虚弱だと言い、それを大いに呪うような言葉を吐いた。ポープの母が、どうしてそんな風になられたのですか、と尋ねると、ヴォルテールは、イエズス会のせいですよ、と答えた。あそこの学校にいたときに男色の犠牲となり、回復不能なまでのダメージをこうむったのだ、と言った。ヴォルテールは、召使いたちのいるまえで、そういう品のない告白を英語で、しかも大声でしたものだから、ポープの母親は驚きあきれて席をたち、もうもどって来なかった。

ヴォルテールの英語については、もうひとつだけ述べておく。話は少し先回りするが、『哲学書簡』の英語版についてである。

ここで訳出されたフランス語版は一七三四年に出たが、英語版はそれよりも早く一七三三年に出ている。その英語は誰が書いたのだろうか。ヴォルテール自身が書いたとの説もあったが、最近ではヴォルテールのフランス語手稿を別人が英訳したことが明らかになっている。

英訳者ジョン・ロックマン（一六九八〜一七七一）は、貧しい生まれながら自学独習でフランス語を身につけた。フランス語ができないポープのためにフランスの詩を訳してあげて、文学の世界に入ってきた男である。ヴォルテールがかれを訳者として得たのは、やはりポープとのつながりによるものであろう。しかし、この訳者はつまらないところでミスを犯している。それが、この英訳がヴォルテール自身のものでないことを示すひとつの証拠となった。

本書の第五信「イギリス国教について」の最終パラグラフの冒頭で、フランスの「アベ［神父］」を説明している文章の英語訳はわかりにくい。フランス語では「あの何とも定義しがたい存在」とされているのが、英訳では「あの暗黒の混合体の（何とも不明瞭な）生き物」と長くなっている。フランス語では「Cet être indéfinissable」が、英語では「That sable mix'd kind of mortal（not to be defin'd）」となっているのである。これはフランス語の手書き原稿で、indéfinissableという単語の後半 sable がつぎの行の最初に来ていたため、英訳者はこの sable をひとつの単語とみなして「暗黒の」と訳したことによるようだ。

わけのわからない英語になっているのを、ヴォルテールの友人ティリオ（ティエリオともいう）がすぐに気づいた。ティリオはこの本の出版を実現するために、ヴォルテールのかわりにロンドンの印刷所で作業していた。かれはあわてて英訳本の最終ページに正誤表をつけ、この部分は正しくは「mixed Being」であるとした。

『哲学書簡』の構成

われわれ日本人が本書を読むときに、奇異に感ずるのは、まず冒頭の「クエーカーについて」がかなりたっぷり語られていることである。失礼ながら、これをただちに「良いつかみ」と感じる日本人読者はかなり変な（あるいはかなり目のある）読者である。

もうひとつ奇異なのは、イギリスのことがらを紹介する本のように思えたのに、なぜか最後にはパスカルの批判が長々と語られている点だ。バランスが悪いし、落ちが落ちになっていない。

しかし、この本がフランスの読者にむけて書かれたものであることと、そのときの(つまり一七三〇年代の)フランスの状況を考えれば、この冒頭部分は「つかみ」としてきちんと働き、最終部分はりっぱな「落ち」になっていることが理解できるであろう。

当時のフランスで世間を騒がせ、一般民衆の関心をひきつけていたのは、ジャンセニストの痙攣派がさまざまの奇跡をひきおこしたことであった。

そもそもジャンセニストとは、オランダ出身のキリスト教神学者ヤンセン(フランス語風に読むとジャンセン)の教えに影響を受けて、十七世紀以降、イエズス会と激しく対立したひとびとを指す。ジャンセニストはフランスの最高司法機関である高等法院のメンバーに多く、そこを拠点として国王の権力と対立していた。ジャンセニストの存在は、宗教上の問題であるばかりでなく、政治的な闘争にもかかわり、フランスの絶対王政を動揺させる大問題でもあった。ジャンセニスムはローマ法王庁から異端とされ、フランスにおける牙城であったポール・ロワイヤル修道院は一七一一年に取り壊された。

しかし、ジャンセニストの聖職者はきわめて禁欲的で厳しい修行に励むことと、貧困層への慈愛心によって知られ、民衆に敬愛されていた。また、広く読まれていた名著『パンセ』の著者パスカルがジャンセニストの側にいることも知られていた。

一七二七年五月（ヴォルテールがイギリスにいたころ）、ジャンセニストのフランソワ・ド・パリという若い助祭が亡くなり、パリのサン・メダール教会で葬儀がおこなわれたとき「奇跡」が起こる。二十五年間も右腕が動かなかった老婆が、痙攣を起こしたあと、腕が動くようになった。足が不自由だった少年は、発作のあと、踊り出した。そうした現象がつぎつぎに起こったので、この「奇跡」を信じるひとびとはジャンセニスト「痙攣派」と呼ばれた。

奇跡は一七二七年と二八年にそれぞれ九件、一七三一年にはぐんと増えて七十八件、三二年には二十二件も起きたと記録されている。目の前で起こる奇跡、あるいはあられもない姿で身をふるわせる女性を見ようとおおぜいのひとが集まった。病気や体の不具合を治そうと集まってきたひとびとのお世話をするボランティアだけで三千人を数えたとも言う。すさまじい流行ぶりである。

ヴォルテールはもともとジャンセニストに反対する立場であるうえに、こうしたオカルト現象をとうぜん怪しんだ。そこでこれにイギリスのクエーカーを、痙攣派とは似て非なるものとして対置し、クエーカーの肯定的な面を具体的に詳述したのである。信者が神と向きあうとき体を震わせるところは似ていても、それは体の不具合をなくすといった御利益を求めてのものではない。また。それは狂信・妄信とも趣がちがう。クエーカーは清貧でありながら、企業家としても活躍する。反戦・平和運動も展開する。

つまり、ヴォルテールは当時のフランスでたいへんな話題になっている「痙攣派」と似たような宗派の紹介を最初にもってきて、フランスの読者の心をぐいと鷲づかみにしようと企てたのである。クエーカーの紹介から始めて、イギリス社会の積極的・肯定的な面をつぎつぎと読者に飲みこませようとした。

一七三四年に出たフランス語版『哲学書簡』は、もちろんフランス人を対象に書かれたものである。その前年三三年に出た英訳『哲学書簡』(正しくは『イギリス国民にかんする書簡』）は二四章構成で、第二五信「パスカル氏の『パンセ』について」はなく、その意味ではすっきりしている。しかし、フランス語版はいわゆる「アンチ・パスカル」と呼ばれる第二五信を添えることによって、最初の問題提起をきちんとしめくくる。ジャンセニスムをめぐる最新の話題から始めて、ジャンセニスムの最良の成果であるパスカルの『パンセ』を分析して、批判的にものごとを考える楽しさを披露してみせた。

もちろん、英訳版を読んだイギリスの読者は、あの高名なヴォルテールが自分たちの国イギリスを高く評価していることに（あるいはそんな風に読んで）大いに喜び、感激した。つまり、フランス語版も英訳版もどちらも成功したのである。

本書の出版事情について、もう少し紹介しておく。

ヴォルテールの腹づもりでは、英訳版とフランス語版はロンドンで同時に印刷・出版されるはずだった。イギリスは出版にかんしてかなり自由な国と見なされ、じっさいフランス語の本のいわゆる地下出版はよくロンドンでなされていた。しかし、フランス語版『哲学書簡』はロック紹介の部分（第一三信）でカトリックを刺激し、パスカル批判の部分（第二五信）で高等法院を刺激することはわかっていた。であるから、出版してもすぐに発禁処分、さらには焚書処分をこうむりかねない。そのへんのようすの見きわめが大事なので、ヴォルテールは知り合いの枢機卿に相談もしている。

英語版は『イギリス国民にかんする書簡』という書名で一七三三年の夏前に印刷され、これといった抵抗もなく八月に出版された。じつはフランス語版も、『イギリス人とその他のことがらにかんしてロンドンで書かれた書簡』という書名で（印刷地はスイスのバーゼルと偽り）、やはり三三年の夏前に組み版が済んでいた。この版は、パスカル批判の部分を省いた二四章構成で、出版は翌三四年の三月だったが、販売はもっぱらフランスの外で（アムステルダムやフランクフルトで）なされる。

そして、第二五信（アンチ・パスカル）を含むフランス語版は、タイトルから「イギリス」の名が消えて、書名は単純に『哲学書簡』とされた。そして、ひそかにフランスのルーアンで印刷された（ただし印刷地はアムステルダムと偽られている）。印刷したのはルーアンのジョールという書店である。ジョールは、ヴォルテールのためらいを無視して、一七三四年の四月、勝手に出版してしまった。

『哲学書簡』はイギリスでもフランスでも大好評でよく売れたが、当然というべきか、パリの高等法院はそれを許さない。出版業者ジョールは逮捕され、バスティーユに投獄された。著者にも逮捕状が出ていたが、ヴォルテールは運よく免れ、シャトレ公爵夫人（のちに本格的な愛人となる）の館（シレー城）に身を寄せ、そのままずっとそこですごすようになる。

『哲学書簡』は六月に禁書とされ、見せしめに裁判所のまえで燃やされた。しかし、逆にその迫害によって評価をたかめ、ほんとうのベストセラーになっていく。『哲学書簡』のさまざまの版のなかで、のちのちの基準となるのは、やはり第二五信を含めた一七三四年のジョール版である。

フィロゾーフ（哲学する人間）になろう

「ヴォルテールは詩人としてイギリスにわたり、哲学者となってフランスへもどった」と言われる。なかなかすてきな文句だが、もちろん、じっさいにはイギリス滞在中にすっかり哲学者になったわけではない。滞在中に問題関心を育まれ、帰国後に勉強を重ねて『哲学書簡』を豊かにふくらませることができたのである。

全二五信のうち半分ぐらいは在英中に執筆されたようだが、それらは宗教や文学・演劇にかんするものが多い。いっぽう、ロックの思想やニュートンの学説など、のちの啓蒙思想家たちに大きなインパクトをあたえる部分は、帰国後に執筆された。正確には、のちに執筆された項目は以下のとおり（かっこ内は書簡の番号）。政治（九）、種痘（一一）、ロック（一三）、ニュートン（一四）、引力（一五）、光学（一六）、無限（一七）、文才（二〇）、文学者への敬意（二三）、アカデミー（二四）、そしてパスカル（二五）。

とはいえ、われわれ現代日本の読者にとって、ヴォルテールの『哲学書簡』はそもそもそれほど「哲学的」なものには思われない。この本を読んでも、ヴォルテールの哲学がどんなものであるのか、明瞭にはつかみとれない。

しかし、まさにそこが本書の肝なのである。われわれがぼんやり抱いている哲学のイメージがここで壊される。体系としてきちんとできあがっているものが哲学なのではない。また、哲学とされるものを体系的に学べば哲学的に思考できるようになるわけではない。あれこれのむずかしげな単語やフレーズを覚えても、けっしてそれで賢くなれるものではない。読者はじんわりとそう語りかけられる。

ヴォルテールはけっして自分の考えを体系的に述べようとはしない。意識的・積極的に体系性を避けようとしている。体系こそがひとをダメにする、と考えている。体系をまるで仇のように憎む。

じっさい、あの「きらめくような豊かな想像力をそなえていた」デカルトでさえ、体系的な精神のせいで輝きを失ったとされる。デカルトは本性において詩人に近く、推論のしかたにおいても、表現のしかたにおいても、つねにきらりと光っていたのに、「どんな偉大な人間をも視野狭窄《きょうさく》にするあの体系的な精神に導かれていった」ため、鋭さを失った（一一七頁および一三三頁）。

このように述べるヴォルテールにとって、哲学においていちばん大切なのはきらめきであり、輝きであり、鋭さであった。なるべくひとと異なることであった。それは詩人の資質に似ている。哲学者も詩人も、才能がなければならないし、それよりも何よりもセンスがなければならない。こうしてヴォルテールは、才能のない人間、凡庸な人間を見下すところがあった。

しかし、『哲学書簡』を読んだ人間の多くは、それは自分のことではないと思った。センスを鍛えなさい、というのがヴォルテールのメッセージだと受けとめた。ヴォルテールに倣《なら》って、ものごとをなるべく一風変わったふうに考える習慣を身につけようとした。『哲学書簡』はカルチャーショックの大切さを教える。ショックを受ければ、目の前の光景がそれまでとちがって見えてくる。ものごとを深く考えるきっかけになる。

詩をつくることとの類似性がここでも浮かび上がる。初めて見る光景に感激するのは初心者で、修練をしていけば、あたりまえの平凡な光景にも感激することができる。〈哲学する〉とは、外国に行かなくてもカルチャーショックを覚えてみせることである。〈哲学する〉ことは、詩作ばかりでなく音楽や演劇の練習・発表、さらにはスポーツの練習や試合にも似ていて、それはいとなむこと自体が楽しく、それをとおして自分が成長し、自分が生きている喜びをさらに深く味わうことにつながる。つまり、〈哲学する〉ことは誰にでもできることである。子どもにだってできることである。

こうして『哲学書簡』は読者に、凡庸な生き方をやめよと呼びかける。あたらしい生き方をせよと鼓舞する。そして、ヴォルテールのように自分の生き方に自信があるのなら、あえて不道徳なことをしてもよいのだ、とささやく。そういう意味で、『哲学書簡』は現代のわれわれにとってもじつに危険で、じつに魅力的な書物なのである。

ヴォルテール年譜

一六九四年
一一月二一日、パリの公証人の第五子として生まれる。本名はフランソワ＝マリー・アルエ。

一七〇一年　七歳
母マルグリット・ドマール死去。

一七〇四年　一〇歳
ルイ＝ル＝グラン学院に入学。

一七一〇年　一六歳
『ジュヌヴィエーヴによせるルジュ神父のオードの模倣』を刊行。

一七一一年　一七歳
ルイ＝ル＝グラン学院卒業。

一七一七年　二三歳
五月、摂政オルレアン公を風刺した詩を発表したかどでバスティーユへ投獄され、一一か月を過ごす。

一七一八年　二四歳
一一月、処女作の韻文悲劇『エディップ（オイディプス）』がコメディー・フランセーズで初演され、大成功を収める。

一七二二年　二八歳
父フランソワ・アルエ死去。

一七二六年　三二歳

バスティーユに再び収監されるが、亡命を条件に出獄、イギリスへ渡る。以降、一七二八年にパリに戻るまで、イギリスの政治、思想、文化に大きな影響を受ける。

一七三四年　四〇歳
イギリス滞在中の見聞をもとに『哲学書簡』を発表。フランス社会のひずみや政治、学問、カトリック教会を批判した同書は、逮捕者が出るなど大きな反響を呼ぶ。ヴォルテールは愛人のシャトレ公爵夫人の許に身を隠した。

一七三八年　四四歳
シャトレ公爵夫人の庇護のもと、『ニュートン哲学入門』、悲劇『マホメット』（一七四一年）、『メロープ』（一七四三年）、東方物語『ザディーグ』（一九四七）など、さまざまな作品を著す。

一七四六年　五二歳
アカデミー会員に選ばれる。

一七五〇年　五六歳
愛人シャトレ公爵夫人の死（一七四九年）が転機となり、プロイセンに向かう。

一七五一年　五七歳
『ルイ一四世の世紀』をベルリンで刊行。

一七五五年　六一歳
ジュネーヴ永住の許可を得る。ルソー『人間不平等起源論』への賞賛の手紙を送る。一一月一日、リスボン大地震、即座に「リスボン大震災に寄せる詩」

を書き上げる。『オルレアンの処女』刊行。

一七五六年　六二歳
ルソーから、前年発表の「リスボン大震災に寄せる詩」に対する痛烈な批判の書簡を受け取る。『百科全書』に「歴史」の項目を執筆。

一七五八年　六四歳
一連の宗教批判の言動がジュネーヴ当局の怒りを買うなど、関係が悪化。スイス国境に近いフェルネーに土地を求める。一七六〇年からここを定住の地とする。

一七五九年　六五歳
一月『カンディード』刊行。

一七六〇年　六六歳
コルネイユの孫娘を養女にする。

一七六三年　六九歳
六一年に起きたカラス事件と呼ばれるフランスのプロテスタントに対する冤罪事件に憤慨し、『寛容論』を発表。

一七六四年　七〇歳
哲学エッセイ集『哲学辞典』刊行。

一七六五年　七一歳
『歴史哲学』をアムステルダムで刊行。

一七七八年
悲劇『イレーヌ』がコメディー・フランセーズで上演されるのを機にパリに還る。二八年ぶりの故郷で熱狂的な歓迎を受けるが、過労と持病で容態が悪化。五月三〇日死去。享年八三。

訳者あとがき

ヴォルテールは、むずかしいことをやさしく、おもしろく書く。だからこそ、『哲学書簡』は発表してすぐに発禁処分となったし、そして、発禁にされたことで逆に評判がたかまり、広く読まれ、版を重ねたのである。そこで訳者も、ヴォルテールの文章のわかりやすさ、軽快さを損ねないようにしたいと考えた。

ただ、訳者にとって少し困ったことに、ヴォルテール自身は本書のなかでこう言っている。「哲学においては、あまりにも簡単に理解できてしまう哲学は、さっぱり理解できない哲学と同じくらい、用心をしなければならない」（一四三頁）。

だが、しかし、かれのいう「簡単に理解できてしまう哲学」とは理屈が単純で、しかけが幼稚なものを指す。もちろん、ヴォルテールにおいても、哲学は文章の明瞭さがきわめて大切な要件であることにかわりはない。しかし、かれは詩人・劇作家であるから、ことばが相手にすっきりと明瞭に理解されること以上に大事にしていることがあった。それは、相手をうならせることである。文章を読んだ読者をおどろかせるものが仕掛けられていなければならない。そして、そのうえで読者を納得させねばならない。やまとことばで言えば「うがち」がなければならない。

これは芸のようなものである。ひとをうならせる芸というのは、修業しても、おいそれと身につくわけではない。わたしが本書の「解説」で述べたように、〈哲学する〉ことは子どもでもできるし、誰でもすべきことだが、わかりやすい文章で読者をうならせるには天分が必要だろう。ヴォルテールは「哲学」のようなものを語ってみせたが、かれの「哲学」は一代かぎりの芸のようなもので、継承不能なものである。だから、読者には、まずその芸を（つまり、うがちのぐあいを）楽しんでもらいたい。

さて、訳者としては、もうひとつ言っておきたいことがある。それはヴォルテールがもっとも得意とした詩・演劇にかんする部分の翻訳についてである。

ヴォルテールは、自分が感心した英語の詩や芝居のセリフをフランス人に披露したくて、自分でフランス語に翻訳してみせている。そのフランス語を、わたしはさらに日本語に翻訳しなければならなかったわけである。なんだか妙な伝言ゲームに参加させられたような気分であった。とりわけ、シェークスピアの「ハムレット」の「生きるべきか、死ぬべきか」で始まる独白は、日本でもよく知られているので、それをさらに日本語にするのは少し勇気がいった。重訳で、文章の意味がずれていくからである。

ヴォルテールは自分も詩人・劇作家であることに誇りと自信をもっており、韻の踏みかたはこうするのだ、と言わんばかりに文意も平気で変更している。フランスの古典劇はすべて詩劇で、作法がきちんと決まっているのに、イギリスの演劇や英語の詩は「過激なまでに自由」だという。そこで、作法どおり韻を踏んだ詩につくりかえることによって、文意がずれていく。

ただ、ヴォルテールがそのさいに言いわけがましいことを書いているのが、外国語を翻訳する者にとっては大いに救いになる。ヴォルテールはこう述べている。

「私の翻訳が、原文の英語を一語一語そのままフランス語に変えたものだとは思わないでほしい。文字面だけで翻訳をする者に災いあれ。そんな翻訳をする者は、ひとつひとつのことばを直訳しながら、原文の意味を弱めているのだ」（一八九頁）

「翻訳を読むというのは、名画を貧弱な版画で見るようなものだ」(一八七頁)

ああ、うれしい。おっしゃるとおりである、と言いたい。ヴォルテールは滑稽な文章の翻訳についてもすてきな発言をしている。そのことばも引用しておきたい。

「(おもしろさを)理解するには、のべつ注釈が必要になるだろう。が、しゃれは説明されるとしゃれでなくなる。また、しゃれを説明しようとするようなやつはそろってバカである」(二二八頁)

最後にもう一言。訳者はこのたびも光文社翻訳編集部の中町俊伸さんにたいへんお世話になった。記して感謝する。

本文中（294〜295頁）に、「自分を見つめる人間はいったい自分の何を見つめているのか、自分の体、自分の足、自分の手、自分の五感ではないのか。まったくの知的障害者でなければ、かれはそういうものをすべて使っているはずだ。（中略）人間は活動するものとして生まれついた。人間にとっては、まったく何もしないでいることと自分が存在しないこととは同じことなのである」という、今日の観点からみて不適切・差別的な表現があります。

この一節は、本書が書かれた18世紀中ごろの社会的状況と、知的障害者に対する未成熟な人権意識に基づくものですが、フランスにおける当時の時代背景や、ヴォルテール自身の、思想の原点ともいえる作品の歴史的、文学的価値を尊重して原文に忠実に翻訳しました。差別の助長を意図するものではないことをご理解ください。

編集部

光文社古典新訳文庫

哲学書簡《てつがくしょかん》

著者　ヴォルテール

訳者　斉藤《さいとう》 悦則《よしのり》

2017年5月20日　初版第1刷発行

2024年5月30日　第2刷発行

発行者　三宅貴久

印刷　大日本印刷

製本　大日本印刷

発行所　株式会社光文社

〒112-8011東京都文京区音羽1-16-6

電話　03（5395）8162（編集部）

03（5395）8116（書籍販売部）

03（5395）8125（制作部）

www.kobunsha.com

落丁本・乱丁本は制作部へご連絡くだされば、お取り替えいたします。

ISBN978-4-334-75354-2 Printed in Japan

組版　新藤慶昌堂

いま、息をしている言葉で、もういちど古典を

長い年月をかけて世界中で読み継がれてきたのが古典です。奥の深い味わいある作品ばかりがそろっており、この「古典の森」に分け入ることは人生のもっとも大きな喜びであることに異論のある人はいないはずです。しかしながら、こんなに豊饒で魅力に満ちた古典を、なぜわたしたちはこれほどまで疎んじてきたのでしょうか。

ひとつには古臭い教養主義からの逃走だったのかもしれません。真面目に文学や思想を論じることは、ある種の権威化であるという思いから、その呪縛から逃れるために、教養そのものを否定しすぎてしまったのではないでしょうか。

いま、時代は大きな転換期を迎えています。まれに見るスピードで歴史が動いていくのを多くの人々が実感していると思います。

こんな時わたしたちを支え、導いてくれるものが古典なのです。「いま、息をしている言葉で」――光文社の古典新訳文庫は、さまよえる現代人の心の奥底まで届くような言葉で、古典を現代に蘇らせることを意図して創刊されました。気取らず、自由に、心の赴くままに、気軽に手に取って楽しめる古典作品を、新訳という光のもとに読者に届けていくこと。それがこの文庫の使命だとわたしたちは考えています。

このシリーズについてのご意見、ご感想、ご要望をハガキ、手紙、メール等で翻訳編集部までお寄せください。今後の企画の参考にさせていただきます。
メール　info@kotensinyaku.jp

光文社古典新訳文庫　好評既刊

カンディード
ヴォルテール／斉藤《さいとう》悦則《よしのり》◉訳

楽園のような故郷を追放された若者カンディード。恩師の「すべては最善である」の教えを胸に度重なる災難に立ち向かう。「リスボン大震災に寄せる詩」を本邦初の完全訳で収録！

寛容論
ヴォルテール／斉藤《さいとう》悦則《よしのり》◉訳

実子殺し容疑で父親が逮捕・処刑された〝カラス事件〟。著者はこの冤罪事件の被告の名誉回復のために奔走する。理性への信頼から寛容であることの意義、美徳を説く歴史的名著。

市民政府論
ロック／角田《つのだ》安正《やすまさ》◉訳

「私たちの生命・自由・財産はいま、守られているだろうか？」。近代市民社会の成立の礎となった本書は、自由、民主主義を根源的に考えるうえで今こそ必読の書である。

人間不平等起源論
ルソー／中山《なかやま》元《げん》◉訳

人間はどのようにして自由と平等を失ったのか？　国民がほんとうの意味で自由で平等であるとはどういうことなのか？　格差社会に生きる現代人に贈るルソーの代表作。

社会契約論／ジュネーヴ草稿
ルソー／中山《なかやま》元《げん》◉訳

「ぼくたちは、選挙のあいだだけ自由になり、そのあとは奴隷のような国民なのだろうか」。世界史を動かした歴史的著作の画期的新訳。本邦初訳の「ジュネーヴ草稿」を収録。

自由論
ミル／斉藤《さいとう》悦則《よしのり》◉訳

個人の自由、言論の自由とは何か。本当の「自由」とは。二十一世紀の今こそ読まれるべき、もっともアクチュアルな書。徹底的にわかりやすい訳文の決定版。（解説・仲正昌樹）

光文社古典新訳文庫　好評既刊

人口論

マルサス／斉藤《さいとう》悦則《よしのり》◉訳

「人口の増加は常に食糧の増加を上回る」。デフレ、少子高齢化、貧困・格差の正体が、人口から見えてくる。二十一世紀にこそ読まれるべき重要古典を明快な新訳で。（解説・的場昭弘）

永遠平和のために／啓蒙とは何か　他3編

カント／中山《なかやま》元《げん》◉訳

「啓蒙とは何か」で説くのは、自分の頭で考えることの困難と重要性。「永遠平和のために」では、常備軍の廃止と国家の連合を説く。現実的な問題意識に貫かれた論文集。

純粋理性批判（全7巻）

カント／中山《なかやま》元《げん》◉訳

西洋哲学における最高かつ最重要の哲学書。難解とされる多くの用語をごく一般的な用語に置き換え、分かりやすさを徹底した画期的新訳。初心者にも理解できる詳細な解説つき。

実践理性批判（全2巻）

カント／中山《なかやま》元《げん》◉訳

人間の心にある欲求能力を批判し、理性の実践的使用のアプリオリな原理を考察したカントの第二批判。人間の意志の自由と倫理から道徳原理を確立させた近代道徳哲学の原典。

判断力批判（上・下）

カント／中山《なかやま》元《げん》◉訳

美と崇高さを判断し、世界を目的論的に理解する力。自然の認識と道徳哲学の二つの領域をつなぐ判断力を分析した、カント批判哲学の集大成。「三批判書」個人全訳、完結！

ツァラトゥストラ（上・下）

ニーチェ／丘沢《おかざわ》静也《しずや》◉訳

「人類への最大の贈り物」「ドイツ語で書かれた最も深い作品」とニーチェが自負する永遠の問題作。これまでのイメージをまったく覆す、軽やかでカジュアルな衝撃の新訳。